齋藤友介・坂野純子・矢嶋裕樹 編

大学生のための福祉教育入門
介護体験ハンドブック

ナカニシヤ出版

はじめに

1. 読者の皆さんへ

　21世紀の今日では，社会福祉はより生活に身近なものとなり，特別な人々のための従来のソーシャル・ウェルフェア（welfare）から，よりはばひろく市民のためのソーシャル・ウェルビィーング（well-being）へとその対象と方法を革新させつつあります。このテキストは，このような社会福祉が市民の生活に近づきつつある現在，大学（短期大学）において，教員をめざして学ぶ皆さんのために作成されました。小学校および中学校の教員養成課程における介護等の体験（以下，介護体験とする）への参加を念頭に，障害をもつ人々や福祉ニーズをもつ高齢者や児童について，はじめて社会福祉にふれる皆さんのために，その対象と現場の理解を中心に平易に編纂しました。具体的な執筆にあたっては，障害児教育や社会福祉の各領域におけるエキスパートに分担をお願いしました。本書が教師をめざす皆さんに，多様な人々から「混成」されるインクルーシブな社会や地域，さらには真にインクルーシブな教育のあり方を考える契機を，少なからず提供することができれば，編者・執筆者一同の心からよろこびとするところです。

2. 介護体験とは何か

　近年，学校教育現場における，児童生徒のいじめ，学級崩壊や荒れ，不登校，学力格差といった問題が社会的にもクローズアップされています。こうした問題の背景には，少子化や核家族化にともなう，家庭や地域の子育て機能の脆弱化に加えて，労働形態の多様化，世帯間所得格差の増大などのさまざまな社会的要因の関与が想定されるところです。よって，その問題解決には，学校内における教員による取り組みだけでは限界があり，家庭や地域を巻き込んだ，社会全体での取り組みが求められています。そのため，小学校や中学校の教員をめざす学生には，今まで以上に，児童生徒の理解や教科指導の力量のみならず，社会に向けた広い視野，社会問題に関する感受性と，多様な価値観を受容する力量が求められています。

　このような現代の学校が直面するさまざまな問題の解決に向けた教員の力量形成と，教員の社会連帯に関わる視野を広げるという必要性から，1998（平成10）年度入学生より，小学校および中学校の教員免許状取得を希望する大学生には，社会福祉施設と特別支援学校における，計7日間以上の介護体験への参加が求められるようになりました。介護体験の趣旨には〈義務教育に従事する教員が個人の尊厳及び社会連帯の理念に関する認識を深めることの重要性にかんがみ，教員としての資質の向上を図り，義務教育の一層の充実を期する（以下略）〉（小学校及び中学校の教諭の普通免許状授与に係わる教育職員免許法の特例等に関する法律）こととされています。さらに，本法制定に際して行われた国会審議における趣旨説明をみますと，「わが国は本格的な高齢社会を迎えつつあり，未来を担う子どもたちの教育を担う教員を目指す学生にとって，これらのひとびとへの介護体験が，教育者として，人の心の痛みを理解し，人間ひとりひとりが異なる能力や個性をもつ存在であることを理解する上で有効である」という考え方に立っていることが理解されるところです。

3. 介護体験の意義

　教員養成の場に介護体験が導入された経緯と概要は前述したとおりですが，学生の皆さんにとって，この体験に参加することは，具体的にどのような意義があるのでしょう。小・中学校の教員をめざす学生にとって，介護体験には大きく以下に述べるような意義があると考えられます。

　福祉ニーズをもつ人々の存在に気づく　われわれの社会にはさまざまな理由により生活上の福祉ニーズをもつ人々が，共に生きています。普段は気づく機会が少ないかと思われますが，心身に障害をもつ人々や認知症の高齢者，家庭の事情により施設での生活を送る児童など，彼らの福祉ニーズは実に多様です。介護体験への参加を通して，これら多様な福祉ニーズをもつ人々が共に地域社会で生活することに気づくことは，少子高齢化や社会のグローバル化が進む現在，小学校および中学校教員をめざす学生にとって大きな意義があるといえましょう。

　人々の多様な価値観にふれる　介護体験への参加によって，長い人生の先輩である高齢者や，生活上の困難をもつ人々，心身に障害をもつ人々と交流し，人々の一人ひとりがもつ多様な価値観（世界観）にふれることができると思われます。社会には，あなたにとって当然のことができない人々がいたり，あなたにとっては何気ないことに重大な価値をおく人がいることを理解するなど，介護体験で得られるこれらの経験は，児童や保護者の多様な価値観への柔軟な対応を求められる小学校や中学校教員にとって，まさに有益なものとなるでしょう。

　個人の尊厳を学ぶ　人間とは，身長や体重といった身体的な特徴にはじまり，知的能力や職業適性，価値観など，実に個性豊かな存在です。小学校や中学校教員をめざす学生には，これら人間一人ひとりの相違を，個性としてありのままに受容する感性が求められます。介護体験において個性豊かな障害者や高齢者と実際にふれ合うことを通して，これら人間がもつ個性を尊重する，個人の尊厳への気づきが期待されます。

　コミュニケーションの多様性への気づき　人間は自己を表現し他者に理解されたいという根元的な欲求をもっています。相手が何を伝えたいのか，相手の心の目線に立って理解に努め，相手のペースに合わせてコミュニケーションをとる姿勢は，教員を志望する学生にとって必須の技術でしょう。介護体験の現場で，障害をもつ人々とのコミュニケーションで使用される手段は多様です。聴覚障害者や視覚障害者，認知症の高齢者など，彼らとのコミュニケーションを通して，コミュニケーションの多様性への一層の理解が期待されるところです。

2009年3月
編者を代表して

齋藤友介

目　次

はじめに　　*i*

第 1 部　現代社会と人間理解

第 1 章　現代社会の諸相　　2
1　少子高齢化　　2
2　格差社会　　4
3　心の時代　　8

第 2 章　障害観のパラダイムシフト　　11
1　障害観の変遷　　11
2　ノーマライゼーションの台頭　　12
3　障害者をめぐる世界の動向　　13
4　障害者をめぐる国内の動向　　14
5　わが国の障害者の現況　　16
6　障害とその構造的理解　　21
7　リハビリテーションと「自立」　　23
8　障害者の社会参加とバリアフリー　　24

第 2 部　福祉ニーズを有する人々の理解

第 1 章　身体障害　　28
1　視覚障害児　　28
2　聴覚障害児　　32
3　言語障害者　　37
4　肢体不自由児　　41

第 2 章　知的障害児　　45
1　知的障害の定義　　45
2　知的障害の原因　　46
3　分　類　　47
4　心理・発達の特性　　47
5　基本的な対応　　48

第 3 章　発達障害児　　51
1　発達障害の定義　　51
2　疫学と原因　　51

　　　　3　分類と心理的特性　52
　　　　4　発達障害児との関係づくりのために　53
　　　　5　現代社会と発達障害　54

第4章　精神障害者　56

　　　　1　はじめに　56
　　　　2　精神障害の定義　57
　　　　3　わが国の精神障害者の動向　57
　　　　4　精神障害の診断と分類　57
　　　　5　主な精神疾患　59
　　　　6　精神障害者の特性　60
　　　　7　コミュニケーションの基本　61

第5章　援護を要する高齢者　62

　　　　1　援護を要する高齢者の定義　62
　　　　2　加齢と老化　63
　　　　3　高齢者の身体機能　63
　　　　4　高齢者の精神機能　63
　　　　5　高齢者の生活機能　64
　　　　6　高齢者の疾病　64
　　　　7　基本的な対応　66

第6章　保護を要する児童　67

　　　　1　保護を要する児童の定義　67
　　　　2　児童をめぐる問題　67
　　　　3　保護を要する児童の特徴　69
　　　　4　基本的な対応　70

第3部　体験フィールドの理解

第1章　特別支援教育のシステム　74

　　　　1　わが国の障害児教育の歴史　74
　　　　2　特別支援教育の目的　75
　　　　3　特別支援教育の場　75
　　　　4　特別支援教育の教育課程　77
　　　　5　真の特別支援教育の実現に向けて　78

第2章　特別支援学校　82

　　　　1　視覚障害　82
　　　　2　聴覚障害　84
　　　　3　知的障害　86
　　　　4　肢体不自由　88

第3章　社会福祉サービス制度とシステム　91

　　　　1　児童福祉，子育て支援の最近の動向　91

2　障害児者福祉の最近の動向　92
　　　3　高齢者福祉の最近の動向　93

第4章　社会福祉施設　96

　　　1　身体障害者関連施設　96
　　　2　知的障害者関連施設　97
　　　3　精神障害者の社会復帰施設　99
　　　4　児童福祉関連施設　101
　　　5　高齢者関連施設　103

第5章　体験生の声　106

　　索　引　111

　　付録1　介護体験に関するQ＆A　115
　　付録2　介護体験実施施設の概要　117

コラム一覧

　　目の見えない赤ん坊が，「物に手を伸ばすこと」を覚えるための工夫　31
　　聾学校ではあなたが『障害者』！？　36
　　重度失語症患者さんとのコミュニケーション臨床　40
　　肢体不自由の『見えにくい』障害　視覚認知の障害　43
　　知的障害をもつ人々の主張に耳を傾けよう　50
　　自閉症児が「生きること」をどうとらえるか？　55
　　昇る人生から降りる人生へ─「べてる」の家─　61
　　これからの高齢者福祉の動き　66
　　児童虐待の発生防止に向けた取り組み　70

現代社会と人間理解

第1部

　「自分の問題は自分で解決する」「自分の健康は自分で守る」という考え方があります。こうした考え方は，問題解決や健康増進のために必要な個人の努力を引き出すのに有効である一方で，大きな落とし穴があります。私たちは個人の努力や意識のもち方では対処しがたい困難な社会状況や環境のあり方から起こる問題を抱えることがあります。このような問題に直面する人に対しても，個人による努力や解決を求めてしまうと，時として，問題の責任を個人に帰属させる危険性があります。したがって，私たちの生活や健康に関わる問題に対して，正しい理解と解決の糸口をみつけるためには，社会的要因との関わりのなかで構造的に問題を把握する視点が大切です。

　第1部は，現代社会で私たちが直面している生活問題を社会的背景との関連からとらえる視点を提供することをねらいとしています。

　まず第1章では，「少子高齢化社会」「格差社会」「心の時代」という現代社会のあり様を表わすキーワードを読み解きながら，私たちの生活問題と社会との関わりについて考えます。

　第2章では，障害者のおかれた状況が時代とともにどのように変化してきたのか，そして，その背景にはどのような価値観・思想の変遷があったのかについて理解を深めます。具体的には，「障害観の変遷」「ノーマライゼーションの台頭」「障害者をめぐる世界の動向」「障害者をめぐる国内の動向」「わが国の障害者の現況」「障害とその構造的理解」「リハビリテーションと自立」「障害者の社会参加とバリアフリー」など障害者福祉の基礎について学びます。

1　現代社会の諸相
2　障害観のパラダイムシフト

1 現代社会の諸相

1 少子高齢化

（1）少子化

近年，出生率の低下と中高年齢層の死亡率の低下とが相まって，少子高齢化が進行しています。

わが国の年間の出生数は，第1次ベビーブーム期（1947（昭和22）年～1949（昭和24）年に約270万人とピークに達し，以降，減少の一途をたどってきました。第1次ベビーブーム期に生まれた子どもが母親となる時期にあたる第2次ベビーブーム期（1971（昭和46）年～1974（昭和49）年において，出生数は一時増加したものの（約209万人），依然として減少傾向には歯止めがかからず，今日に至っても出生数は毎年減少傾向を示しています（図1-1-1）。

わが国の合計特殊出生率（15歳から49歳までの女性の年齢別出生率を合計したもの

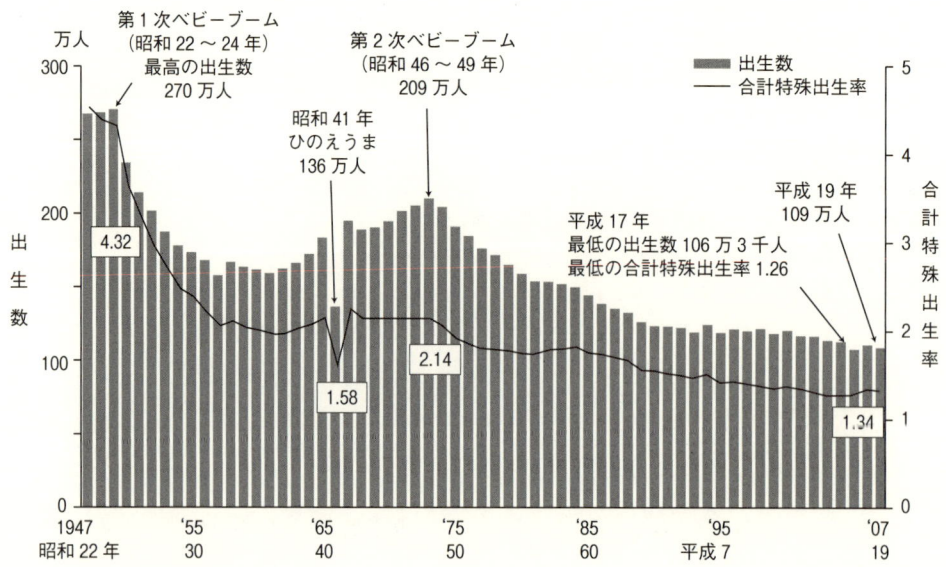

図1-1-1　わが国の出生数と合計特殊出生率の推移（厚生統計協会, 2008）

で，1人の女性が仮にその年次の年齢別出生率で一生の間に子どもを産むとした場合の平均子ども数）は，戦後の第1次ベビーブームの時期を過ぎた1950（昭和25）年ごろから急激に低下し，2005年には1.26と史上最低を記録しました。これは人口を維持するのに必要な水準（人口置換水準）である2.08を大幅に下回っており，こうした状況が今後も続くと，将来わが国の人口は大幅に減少すると見込まれています。

わが国の出生率が低下した主な原因として，婚姻年齢の晩婚化やそれにともなう出生年齢の高年齢化が指摘されています。2007（平成19）年の平均初婚年齢男性30.1歳，女性28.3歳となっており，第1次ベビーブーム期の1950年当時と比べると，男性が3.5歳，女性が4.6歳ほど高くなっています。また，こうした結婚時期の遅れは出産時期の遅れにつながります。2003（平成15）年の出生順位別にみた母親の平均年齢は第1子で28.6歳，第2子で30.7歳，第3子では32.5歳となっています。やはり，1950年当時と比べると，第1子は4.2歳，第2子は4.0歳，第3子は3.1歳ほど，出生時年齢が高くなっています。また，その他の原因として，女性の高学歴化や経済的自立，社会進出とそれによる子育てと仕事の両立の難しさ，育児に対する負担増，教育費等の子育てコストの増大，住宅事情などが指摘されています。

(2) 高齢化

少子化と相まって，わが国は急速な高齢化を迎えています。高齢化とは総人口に占める65歳以上人口の割合（高齢化率）が増加していくことです。この割合が7％になると高齢化社会，14％になると高齢社会，21％になると超高齢（化）社会となります。2005（平成17）年のわが国における65歳以上の老年人口は2567万人であり，総人口の20.1％を占めています。今後も増加を続け，まもなくわが国は超高齢（化）社会を迎えます。将来的に老年人口は，2030（平成42）年には3667万人（総人口の32％），2055（平成67）年には3646万人（総人口の41％）に達すると推定されています。

また，わが国の高齢化の特徴として，その速度が速いことがあげられます。高齢化率が7％（高齢化社会）から14％（高齢社会）に達した年数をみると，フランスでは115年，スウェーデンでは85年，ドイツでは40年，イギリスでは47年であるのに対して，わが国では1970年に7％を超え，わずか24年後の1994年に14％に達しています（図1-1-2）。このように，わが国の高齢化はきわめて短期間に，世界に例のない速度で進行しています。

(3) 少子高齢化がもたらす影響

「厚生労働白書 平成20年版」によれば，少子高齢化社会は，①労働力人口の減少，②経済成長の制約，③年金，医療，福祉等の社会保障制度における支え手の減少等をもたらし，それにより現行の経済・社会制度の持続が困難になると指摘されています。また今後，高齢化等にともなって単独世帯が増加し，2030年には世帯主が65歳以上の世帯のうち約4割を占めるようになると見込まれています。地域における支え合いの関係が脆弱化しているなかで，世帯内・家族内の支え合いが得にくい高齢者の単独世帯の増加にともない，今後，地域社会の維持さえますますむずかしい状況になることも懸念されます。

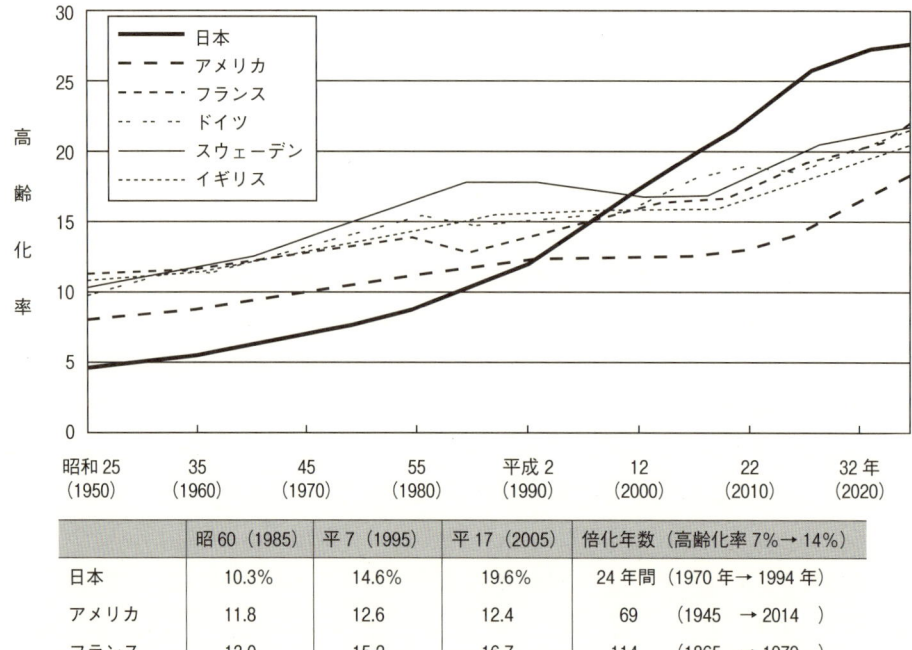

図 1-1-2　先進諸国の高齢化率の推移

2 格差社会

（1）格差の拡大

　近年，格差社会への関心が高まっています。それにつれ，国民の多くが日本社会の所得格差拡大を実感しています（図 1-1-3）。特に若い世代において格差拡大を実感している傾向がみられます。

　橘木（2006）は，日本社会において，格差が拡大した要因に長期不況と雇用システムの変化をあげています。1990 年以降の長期不況の影響で，失業率は高まり，失業期間の長い失業者が増えています。

　さらに雇用システムの急激な変化により，パートタイマー，雇用期限付労働者，派遣労働者など，非正規雇用労働者の数が急速に増えています。1995 年から 2005 年までの 10 年間で，正規労働者が 400 万人減り，非正規労働者が 630 万人増加しています。

　非正規労働者が格差拡大につながる理由として，正規労働者に比べ賃金がかなり低く，労働時間が短いこと，雇用が不安定な状況におかれていることが指摘されています。非正

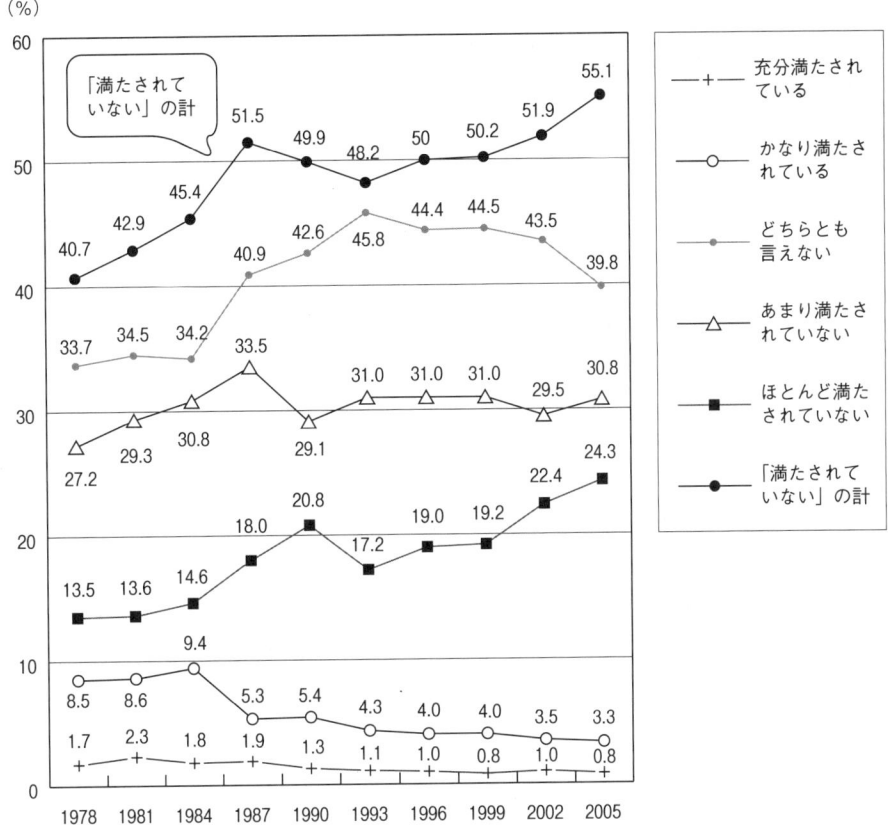

図 1-1-3　所得・資産の不平等感（内閣府，2006）
(注) 収入や財産の不平等が少ないことについてのアンケート調査の結果である。
(資料) 内閣府国民生活局「国民生活選好度調査」

規雇用労働者は賃金が低いうえに労働時間が短いため，複数の仕事をかけもちして昼も夜も働かないと生活していけないワーキング・プアの問題も深刻化しています。

　それでは若年層が非正規労働を続けた場合，生涯の所得はどうなるのでしょうか。図1-1-4 は，22 歳から正社員として働き続けた場合と非正規雇用労働者として働き続けた場合の生涯賃金を示したものです。これをみると，パート労働者の生涯賃金が 4,637 万円，常用の非正規労働者が 1 億 426 万円，正規雇用労働者が 2 億 791 万円となっています。このことはフリーターや派遣社員の人たちは，生涯働いても正社員の半分しか所得を得られないという厳しい格差社会を生き抜いているということです。

(2) 格差社会と教育

1) 家庭の経済格差と子どもの教育機会

経済的な理由で私立高校を中退した生徒が少なくとも全国で 407 人（調査対象生徒数比 0.21%）にのぼることが，2007 年度の全国私立学校教職員組合連合（全国私教連）の調査でわかりました。この調査は，全国の私立高校の約 5 分の 1 にあたる 28 都道府県 234 校，約 19 万 5,000 人を対象に行われました。そ

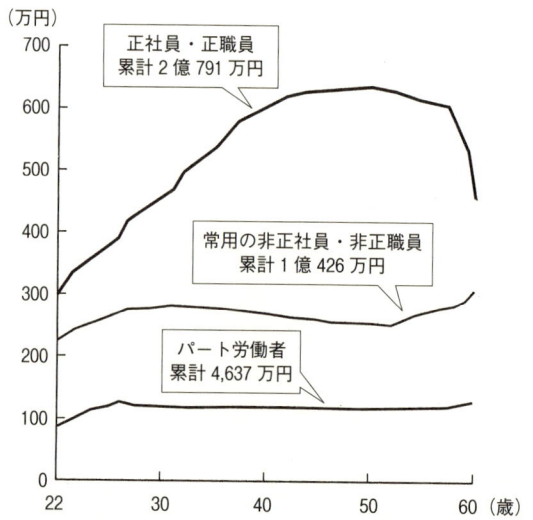

図 1-1-4　正社員，非正社員，パート労働者の生涯賃金（橘木, 2006）

の結果，経済的な理由による中退率は，過去最悪だった 16 年度の 0.19%（279 人）に比べ 0.02 ポイント上昇，1 校あたりでも 1.74 人と過去最悪でした。全国私教連は「他の理由により中退している生徒の中にも，家庭の経済的な事情が背景となっている者が潜んでいる」と報告しており，実際はもっと多いとみています。このように，格差社会は，子どもの教育機会にも深刻な影響を及ぼしています。

2）子どもの学力の国際比較　国際的な生徒の学習到達度調査（Programme for International Student Assessment, 以下 PISA）は，OECD 加盟国において義務教育の修了段階にある 15 歳の生徒を対象に，読解力，数学的リテラシー，科学的リテラシー，問題解決能力を調査するもので，2000 年以後 3 年ごとに調査されています。表 1-1-1 には，第 1 回から 3 回までの上位 10 ヵ国を示しました。

この調査で毎回上位であるフィンランドの教育は，学校間格差が非常に少ないことが特徴です。一方，日本の場合は，学校間格差が非常に大きいことが指摘されています。

このまま格差社会が進むと，子どもが教育を受ける機会が親の階層や教育水準によって左右され，教育格差がさらなる教育格差を生むという危険性が大きくなります。さらに日本においては，最終学歴がその人の人生を左右する現実を考えたとき，教育格差が世代を超えた格差の固定化につながることが危惧されています。

(3) 格差社会と健康破綻

マーモット（Marmot, 2005）は，社会経済的格差が健康格差の原因になるとして「格差症候群（status syndrome）」と名づけました。マーモットはイギリスの国家公務員約 1 万人を対象とした大規模調査を行い，「行政組織内の職階の上下に応じて公務員の死亡率の高低が生じる」という結果を明らかにしました。さらにその要因については，従来いわれていた喫煙，高血圧・血清コレステロール値・血糖値などのリスク因子よりも，「不平等な労働条件」に起因する慢性的ストレスが最大の要因であると結論づけました。特に，「自分の

表 1-1-1　学力の国際比較

2000 年調査　上位 10 カ国（得点順）

数学			読解力			科学		
1	日本	557	1	フィンランド	546	1	韓国	552
2	韓国	547	2	カナダ	534	2	日本	550
3	ニュージーランド	537	3	ニュージーランド	529	3	フィンランド	538
4	フィンランド	536	4	オーストラリア	528	4	イギリス	532
5	オーストラリア	533	5	アイルランド	527	5	カナダ	529
5	カナダ	533	6	韓国	525	6	ニュージーランド	528
7	スイス	529	7	イギリス	523	6	オーストラリア	528
8	イギリス	529	8	日本	522	8	オーストリア	519
9	ベルギー	520	9	スウェーデン	516	9	アイルランド	513
10	フランス	517	10	オーストリア	507	10	スウェーデン	512

2003 年調査　上位 10 カ国（得点順）

数学			読解力			科学		
1	香港	550	1	フィンランド	543	1	フィンランド	548
2	フィンランド	544	2	韓国	534	1	日本	548
3	韓国	542	3	カナダ	528	3	香港	539
4	オランダ	538	4	オーストラリア	525	4	韓国	538
5	リヒテンシュタイン	536	4	リヒテンシュタイン	525	5	リヒテンシュタイン	525
6	日本	534	6	ニュージーランド	522	5	オーストラリア	525
7	カナダ	532	7	アイルランド	515	7	マカオ	525
8	ベルギー	529	8	スウェーデン	514	8	オランダ	524
9	マカオ	527	9	オランダ	513	9	チェコ	523
9	スイス	527	10	香港	510	10	ニュージーランド	521

2006 年調査　上位 10 カ国（得点順）

数学			読解力			科学		
1	台湾	549	1	韓国	556	1	フィンランド	563
2	フィンランド	548	2	フィンランド	547	2	香港	542
3	香港	547	3	香港	536	3	カナダ	534
3	韓国	547	4	カナダ	527	4	台湾	532
5	オランダ	531	5	ニュージーランド	521	5	エストニア	531
6	スイス	530	6	アイルランド	517	5	日本	531
7	カナダ	527	7	オーストラリア	513	7	ニュージーランド	530
8	マカオ	525	8	リヒテンシュタイン	510	8	オーストラリア	527
8	リヒテンシュタイン	525	9	ポーランド	508	9	オランダ	525
10	日本	523	10	スウェーデン	507	10	リヒテンシュタイン	522

出典：OECD 生徒の学習到達度調査（PISA），文部科学省ホームページ

人生・暮らしを自分でコントロールすることができるかどうか」，たとえば，「上から一方的に命令されて負担の重い業務を押しつけられる」「上司・同僚からのいじめ」「いつ首を切られるかわからない不安定な雇用状態」などの「慢性的ストレス」が，健康破綻（最終的には死亡）の原因であると報告しています。

これまで述べてきたように，所得格差の影響は，教育格差や健康格差にまで及びます。欧米では，オランダなど国家が積極的に就労訓練や就労斡旋を行っている国もありますが，日本ではまだこれからの状況です。職を探す時期に，日本社会が不況であったために就職の機会が得られず，非正規労働者のフリーターや派遣労働者にしかなりえなかった若い世代の雇用格差の是正は，わが国の重要な緊急の政策課題であるでしょう。

3 心の時代

(1) 現代の自殺傾向

2008年1年間の全国の自殺者は前年より2.6％少ない3万2,249人であったことが警察庁のまとめでわかりました。自殺者数がはじめて3万人を超えたのは1998年で，それ以降11年間連続で自殺者が3万人を超えていることになります。近年自殺者が増加した背景には，経済・社会的な要因が影響している可能性が指摘されています。世代別にみると「60歳代」「40歳代」「30歳代」の順で自殺者が多いことがわかりました。このことから高齢者の「孤独感」を動機にした自殺のほか，働き盛りを中心にした「労働・職場問題」「過労による健康破綻」の自殺も目立ち，社会的・経済的に負担が増す世代が追い詰められている現状がうかがえます。

一方，20歳未満では，「学校での問題」「失恋等の男女問題」が自殺原因の上位にあります。そのなかで学齢期の自殺原因としてあげられた「学校での問題」では，学校でのいじめ，教師による暴力や精神的あるいは性的嫌がらせ，親による叱責や暴力などの理由がありました。

1998年以降自殺者が3万人を超えたままいっこうに減少しない事態に対応するため，2006年に国は自殺対策基本法を施行しました。この法律は自殺対策の総合的な推進，自殺の防止および自殺者の親族等への支援の充実等を図るための法律であり，その基本理念に「自殺対策は自殺が個人的な問題としてのみとらえられるべきものではなく，その背景に様々な社会的な要因があることを踏まえ，社会的な取組として実施されなければならない」と自殺を社会的な問題として明言し，さらに国や地方公共団体，さらに事業主の責務を明記しています。

しかし，これまで自殺防止対策として設置されたカウンセラーや相談室の多くは，NPO団体やボランティアグループなどの民間活動に頼っているのが現状です。窮地に立たされた人々を自殺に追い込む社会的状況を改善するべく，国や自治体，事業主，そして市民のそれぞれが責務を果たしていくことが緊急の課題です。

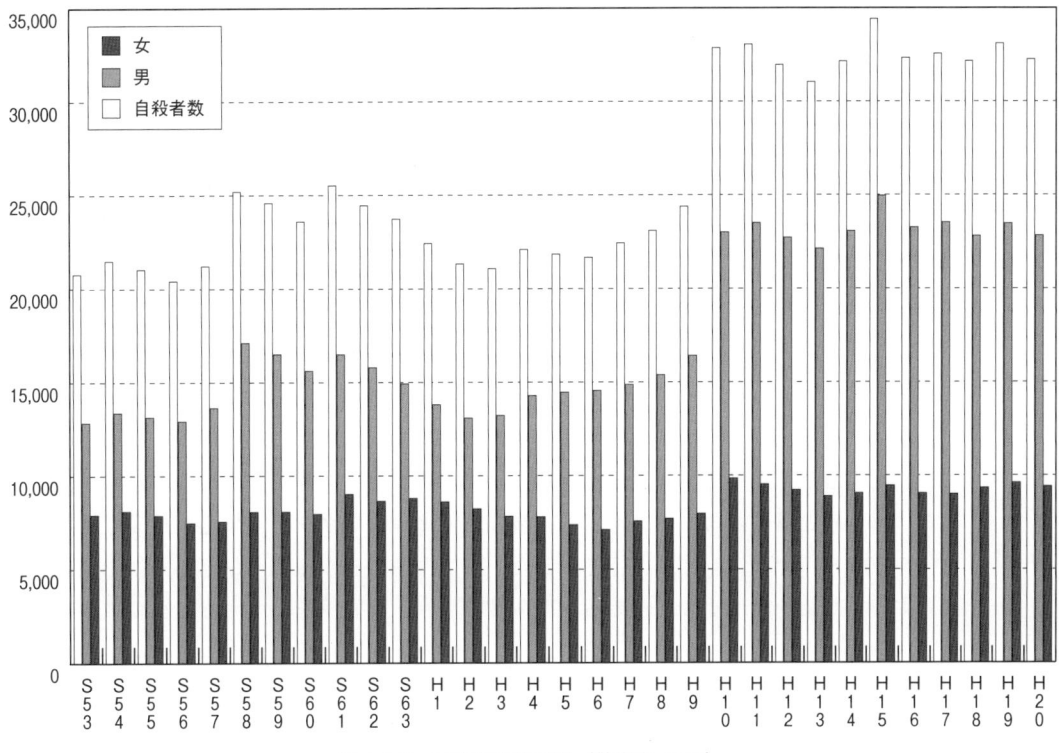

図 1-1-5　年次別自殺者数（警察庁, 2009）

(2)「心の豊かさ」を追求する時代

「国民生活に関する世論調査」（内閣府, 2008）によると，今後の生活について「物質的にある程度豊かになったので，これからは心の豊かさやゆとりのある生活をすることに重きをおきたい」と答えた「心の豊かさ重視派」の人が 62.9% であり，「まだまだ物質的な面で生活を豊かにすることに重きをおきたい」と答えた人 30.4% の倍以上の人々が「心の豊かさ」を求めています。

つまりこの調査結果は，多くの人が物質的には豊かになったものの，人生や生活にゆとりが感じられない社会を反映しているといえます。そして，それまでの金銭や物質的な豊かさのみを追求する「物の時代」の価値観から，豊かな心で自分の人生をより自分らしく生きていくことを求める新しい「心の時代」の価値観へ，社会の価値観が変わりつつあることを示しています。

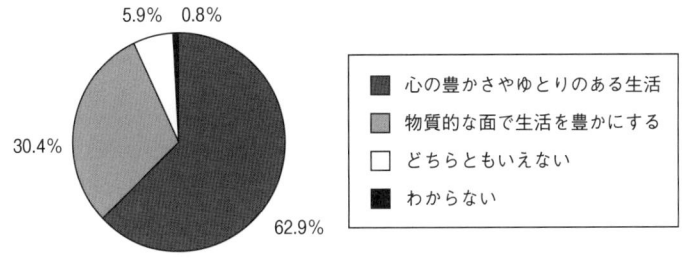

図 1-1-6　どういう生活に重点をおくか（内閣府, 2008）

(3) 人と社会とのつながり

　社会科学の分野で実際に地域活性化などでも活用されている概念にソーシャル・キャピタル（social capital）があります。ソーシャル・キャピタルとは住民間，組織間のネットワーク，ネットワークにおける信頼関係と互酬性（ごしゅうせい）の規範の共有といった社会関係のあり方を意味する概念で，社会の人間関係を人々の精神的な絆を強める資本とみなし，社会の有効性や効率性を高める重要な要素と考えられています。

　地域社会において，近隣づきあいの盛んな地域や相互の信頼関係の高い地域，あるいは社会的活動への参加者が多い地域は，ソーシャル・キャピタルが豊かな地域であると考えられます。このような豊かな人間関係のある地域では，犯罪が少ない，失業率が低い，出生率が高いなど，人々の暮らしやすさが高まるという報告（内閣府，2003）もあります。

　児童虐待やニート，引きこもりなどの青少年の健康に深刻な影響を与えているわが国の社会問題に対して，ソーシャル・キャピタルがどのような影響力をもつのかについては，まだはっきりと解明されていません。今後，地域とのつながりや信頼感，仲間意識などのソーシャル・キャピタルが，虐待を受けた子どもや虐待をする親，ひきこもりやニートの若者に良い効果を及ぼすことが明らかにされるなか，ソーシャル・キャピタルの活用可能性はさらに大きくなるでしょう。

2 障害観のパラダイムシフト

1 障害観の変遷

　障害者のみならず，人類が「基本的人権」を獲得するまでの歴史は，決して平坦なものではありませんでした。基本的人権とは「ヒトが人間として生まれた以上，当然もっているとされる基本的な権利」です。この基本的人権をめぐって，18世紀以降に限っても，「アメリカの独立宣言」(1776)や「フランス人権宣言」(1789)，リンカーンの「奴隷解放宣言」(1863)，「ドイツ国憲法（ヴァイマル憲法）」(1919)，国連の「世界人権宣言」(1948)などが，多くの人々の戦いにより勝ち取られた歴史を忘れてはなりません。

　社会的マイノリティ（少数派）である障害をもつ人々が「基本的人権」を獲得する道のりは，すでに述べた一般市民以上に，長く険しいものでした。古くは人々（社会的マジョリティ：多数派）から「蔑み」の対象であった障害者が，「哀れみ」や「同情」の時代を経て，今日の「共に生きる」という時代にいたるためには，長い時間が必要だったのです。

　「科学の世紀」と言われた20世紀に入っても，進化論や遺伝学の誤った解釈のもと，社会防衛という視点から，当事者の人権を無視した，障害をもつ人々に対する断種や不妊手術が行われた凄惨な事実を，私たちは忘れてはなりません。

　社会や人々の障害者への理解に大きな転機が訪れたのは，第二次世界大戦が終結し，国連という舞台で「精神薄弱者（知的障害者）の権利宣言」(1971)ならびに「障害者の権利宣言」(1975)が採択されてからです。

　基本的人権の尊重や，後に述べるノーマライゼーションの思潮が社会に浸透することによって，障害者に対する人々の意識は近年大きく変化してきました。厚生省大臣官房障害保健福祉部（当時）は，わが国の障害者に対する国民の理解の歴史的変遷について，①無知と無関心による差別・偏見の障害者観，②哀れみ，同情の障害者観，③「共に生きる」という障害者観を経て，今日では，④「障害は個性である」という障害者理解の段階に至ったことを指摘しています（図1-2-1）。

図1-2-1　障害者観の変遷（厚生省, 1998）

2 ノーマライゼーションの台頭

　ノーマライゼーション（normalization）とは障害者と社会のあり方を考えるうえで，きわめて大切な理念です。ノーマライゼーションは，1950年代末から，北欧諸国の福祉において台頭してきた新しい思潮です。ノーマライゼーションの父とよばれるバンク－ミケルセン（Bank-Mikkelsen, N. E.）は，デンマークにおいて自身が知的障害者の親の会の運動に関わるなかで，ノーマライゼーションの理念に到達しました。バンク－ミケルセンは知的障害者自身をノーマルにする（＝健常者に近づける）のではなく，知的障害者の生活する地域や生活環境をノーマルにする（＝皆が生活しやすくする）ことが，ノーマライゼーションであると述べています。ノーマライゼーションでは，社会とは障害者や高齢者といった，さまざまな人々から構成されることを前提としています。そして，これら社会的マイノリティである人々を締め出す社会は，脆弱な社会であると考えるのです。

　さらに，ノーマライゼーションでは，障害の種類や障害の程度ごとに専門家主導でサービスを提供するのではなく，一人ひとりの障害者の生活ニーズや希望に応じて，可能な限り住み慣れた地域において，サービスを提供することが強調されています。スウェーデンのニィリエ（Nirje, B.）はミケルセンの理念を発展させました。佐藤・小澤（2006）は中園（1996）の文献をもとに，ニィリエのノーマライゼーションの原理を表1-2-1のようにまとめています。ニィリエはノーマライゼーションを「ノーマルなリズム」「ノーマルな理解と関係」「ノーマルな生活基盤」の実現であると考えています（表1-2-1）。北欧諸国におけるこうしたノーマライゼーションは，自らの国でかつて行っていた，地域から知的障害者を隔離し，入所型大型施設で処遇してきた歴史への深い反省に立つものです。

　今日まで，ノーマライゼーションの理念は，障害者福祉のあり方を脱施設化や地域福祉といった新たな方向に導くうえで，理論的な支柱として重要な役割を果たしてきました。現在ではノーマライゼーションはひろく，障害者と健常者が共生可能な社会づくりととらえられています。このように，ノーマライゼーションが今日の障害者福祉に与えた影響は計り知れないといっても過言ではありません。後述する「国際障害者年」（1981）の『完全参加と平等』のテーマや，わが国の「障害者基本法」（1993）など，ノーマライゼーションは全世界の障害者施策にパラダイムシフトをもたらしたのです。

表1-2-1　ニィリエのノーマライゼーションの原理（佐藤・小澤, 2006）

ノーマルな リズム	①1日のノーマルなリズム（プライバシー，活動，相互の責任） ②1週間のノーマルなリズム（家庭生活，通勤・通学，社会交流，余暇活動） ③1年間のノーマルなリズム（家庭生活・生活方法の変化，地域社会との交流） ④ライフサイクル（生涯発達のための経験機会）
ノーマルな 理解と関係	⑤ノーマルな理解と尊重（障害者自身の願望，自己実現） ⑥ノーマルな相互関係
ノーマルな 生活基盤	⑦一般市民と同じ経済的条件の適用 ⑧ノーマルな住宅環境の提供（ノーマルな広さ，ノーマルな立地条件）

3 障害者をめぐる世界の動向

ノーマライゼーションの台頭を受けて，1970年代に入ると障害者をめぐる思潮には大きな変化が起きました。まず1971年に障害者に関する初の国連決議である「精神薄弱者（知的障害者）の権利宣言」が国連総会で採択されました。この宣言では知的障害者の人権を再確認するとともに，知的障害者に対する適切な医療や教育，リハビリテーションを受ける権利，経済的保障や地域生活をおくる権利等を認めています。さらに，1975年になると精神薄弱者の権利宣言をさらに発展させたかたちで「障害者の権利宣言」が採択されました。同宣言では障害者のさまざまな権利を認めるとともに，国連として初めて障害者の定義を示した点が注目されます。

さらに，この障害者の権利宣言に基づいて，各国における適切な施策の実施を促すために，1976年の国連総会において，1981年を国際障害者年とすることを取り決めました。この1981年の国際障害者年では，「完全参加と平等」のテーマを掲げ，障害の予防，リハビリテーション，社会への障害者の完全な統合の意義を再確認し，各国における努力を求めたのです。

1982年には障害者に関する世界行動計画が採択され，1983年から1992年を国連障害者の10年とし，各国政府に対して予防とリハビリテーション，障害者の機会均等化の実現に向けた，具体的な国内計画の立案を要請しました。そして，この決議では発展途上国の計画立案と実行に対する支援を国連事務局長に対して求めました。このほか，各国政府に対して『障害者の日』を宣言することが勧められました。さらに，国連障害者の10年の最終年である1992年の翌年の1993年に，国連は「障害者の機会均等化に関する基準規則」を採択しました。同規則は国連障害者の10年の経験を踏まえつつ，強制力はもたないものの，障害者の平等な社会参加を可能とする社会環境の整備を各国政府に求めており，進捗状況の監視システムを取り入れています（表1-2-2）。

これらの動きを受けて，米国では1990年に「障害をもつアメリカ人法（ADA: Americans with Disabilities Act）」が制定され，同法には障害者の完全な社会参加のための，民間企業に対する罰則規定を含む差別禁止や，交通や通信のアクセシビリティーの保障が盛り込まれました。

一方，多くの発展途上国を抱えるアジアにおいては，国連障害者の10年における取り組みのみでは必ずしも施策実施が十分ではなかったことから，1992年4月に北京で行われた国連アジア太平洋経済社会委員会（ESCAP）において，1993年から2002年までの10年間を，「アジア太平洋障害者の10年」とすることが決議されました。さらに，同年12月のESCAPの政府間会議において，アジアにおける障害者の完全参加と平等に関する宣言，ならびに行動課題が採択されたのです。最終年の2002年5月のESCAP総会では，わが国の提唱により，2003年から2012年までの10年間を「次期十年」とすることが決まり，地域行動計画である「アジア太平洋障害者のための，インクルーシブで，バリアフリーな，かつ，権利に基づく社会に向けた行動のためのびわこミレニアム・フレームワーク（BMF）」

表 1-2-2　国連および世界における障害者施策の展開

1971	精神遅滞者の権利宣言	1993	国連・障害者の機会均等化に関する基準規則
1975	障害者の権利宣言		アジア太平洋障害者の10年（〜2002）
1980	国際障害者年行動計画	1994	サラマンカ宣言（UNESCO）
	国際障害分類（ICIDH）を発表（WHO）	2000	アフリカ障害者の10年（〜2009）
1981	国際障害者年	2001	国際障害分類改訂版（ICF）の正式承認（WHO）
1982	障害者に関する世界行動計画	2003	第2次アジア太平洋障害者の10年（〜2012）
1983	国連・障害者の10年（〜1992）	2004	アラブ障害者の10年（〜2013）
1989	国連・子どもの権利条約	2006	国連・障害者の権利条約
1990	障害をもつアメリカ人法（ADA）		米州障害者の10年（〜2016）
1992	アジア太平洋障害者の10年（ESCAP）		

表 1-2-3　障害者の権利条約（第3条）『一般原則』（川島・長瀬仮訳, 2008年5月30日付）

(a) 固有の尊厳，個人の自律（自ら選択する自由を含む。）及び人の自立に対する尊重
(b) 非差別〔無差別〕
(c) 社会への完全かつ効果的な参加及びインクルージョン
(d) 差異の尊重，並びに人間の多様性の一環及び人類の一員としての障害のある人の受容
(e) 機会の平等〔均等〕
(f) アクセシビリティ
(g) 男女の平等
(h) 障害のある子どもの発達しつつある能力の尊重，及び障害のある子どもがそのアイデンティティを保持する権利の尊重

が採択されました。

　一方，2002年から国連では障害者の権利と尊厳を保護するための国際条約の採択に向けて，障害当事者の参加を求め，積極的な検討を行ってきました。その結果，2006年12月の国連総会本会議において「障害者の権利条約」が採択されたのです。日本政府は2007年9月にこの条約に署名しており，現在，条約の批准を目指して，国内法の整備等を進めています。なお，「障害者の権利条約」は2008年5月3日に国連で発効し，同年7月時点で29カ国が批准しています。表1-2-3に同条約の考え方となる一般原則を示しました。

4　障害者をめぐる国内の動向

　第二次世界大戦前のわが国の障害者福祉は脆弱なものであり，貧窮障害者や戦傷障害者を対象とした一部のものを除いて，十分な施策がとられてこなかった歴史的な経緯があります。そして，わが国の障害者福祉は，国民の生存権の保障を明記した1946（昭和21）年の日本国憲法のもとで本格的な胎動をみました。

　1950（昭和25）年には身体障害者福祉法が施行され，国による障害者施策がスタートしました。一方，知的障害者の福祉については，1960（昭和35年）の精神薄弱者福祉法（現在の知的障害者福祉法）の制定を待たねばなりませんでした。その後，1970年代に入るとわが国の障害者福祉施策では，主に重症心身障害児を対象として，地域から隔離された大規模入所施設への収容をめざすコロニー政策がとられます。コロニーは障害者が一生を送ることができる理想郷とされ，全国で巨大コロニーの建設が相次いだのです。これは，先に述べたノーマライゼーションの影響により，1970年代には「隔離された施設から地域

表 1-2-4　障害者基本法（平成 16 年改）

第 1 条【目的】
この法律は，障害者の自立及び社会参加の支援等のための施策に関し，基本的理念を定め，及び国，地方公共団体等の責務を明らかにするとともに，障害者の自立及び社会参加の支援等のための施策の基本となる事項を定めること等により，障害者の自立及び社会参加の支援等のための施策を総合的かつ計画的に推進し，もつて障害者の福祉を増進することを目的とする。

第 2 条【定義】
この法律において「障害者」とは，身体障害，知的障害又は精神障害（以下「障害」と総称する。）があるため，継続的に日常生活又は社会生活に相当な制限を受ける者をいう。

第 3 条【基本的理念】
すべて障害者は，個人の尊厳が重んぜられ，その尊厳にふさわしい生活を保障される権利を有する。
2　すべて障害者は，社会を構成する一員として社会，経済，文化その他あらゆる分野の活動に参加する機会が与えられる。
3　何人も，障害者に対して，障害を理由として，差別することその他の権利利益を侵害する行為をしてはならない。

第 4 条【国及び地方公共団体の責務】
国及び地方公共団体は，障害者の権利の擁護及び障害者に対する差別の防止を図りつつ障害者の自立及び社会参加を支援すること等により，障害者の福祉を増進する責務を有する。

第 5 条【国民の理解】
国及び地方公共団体は，国民が障害者について正しい理解を深めるよう必要な施策を講じなければならない。

第 6 条【国民の責務】
国民は，社会連帯の理念に基づき，障害者の福祉の増進に協力するよう努めなければならない。
2　国民は，社会連帯の理念に基づき，障害者の人権が尊重され，障害者が差別されることなく，社会，経済，文化その他あらゆる分野の活動に参加することができる社会の実現に寄与するよう努めなければならない

へ」のスローガンのもと，多くのコロニーが閉鎖され地域福祉へと移行していった北欧諸国と対照的なものです。以降，わが国の障害者施策は 1980 年代に入るまで，本格的なノーマライゼーションへと方向転換をすることができませんでした。

　1980 年代に入ると，国連や世界の動向を受けて，わが国においてもノーマライゼーションに向けた施策がとられるようになりました。国際障害者年の翌年の 1982（昭和 57）年には，「障害者対策に関する長期計画」が策定されました。さらに，身体障害者については 1984（昭和 59）年の身体障害者福祉法の改正において，国連の「完全参加と平等」の理念が取り入れられたのです。知的障害者については 1989（平成元）年に，地域での生活を支える，精神薄弱者地域生活援助事業（グループホーム）が始まりました。さらに，1993（平成 5）年には心身障害者対策基本法が障害者基本法に改められました。障害者基本法は障害者を定義するとともに，わが国の障害者施策全体に関わる理念や，国や地方自治体の施策の方向性を示す重要な法律です（表 1-2-4）。

　また，同法は国に対して障害者基本計画の策定を求めており，これに基づき 1995（平成 7）年に国が作成したものが「障害者プラン（ノーマライゼーション 7 か年戦略）」です。障害者プランは，1993（平成 5）年に発表された「障害者対策に関する新長期計画（全員参加の社会づくりをめざして）」を実現するために，1996（平成 8）年から 2002（平成 14）年を計画期間として，具体的な数値目標を盛り込んだものです。障害者プランのもと，リハビリテーションとノーマライゼーションの理念を踏まえつつ，7 つの視点から重点的な施策の推進が図られました。さらに国は障害者プランにおけるリハビリテーションとノーマライゼーションの理念を継承ならびに発展させ，障害の有無にかかわらず，すべての国民が互いの人格と個性を尊重し助け合う「共生社会」の実現をめざし，2002（平成 14）年 12 月に，2003（平成 15）年度から 2012（平成 24）年度を計画期間とする，新障害者基本計画とその重点施策実施 5 か年計画（「新障害者プラン」）を策定しました（図 1-2-2）。

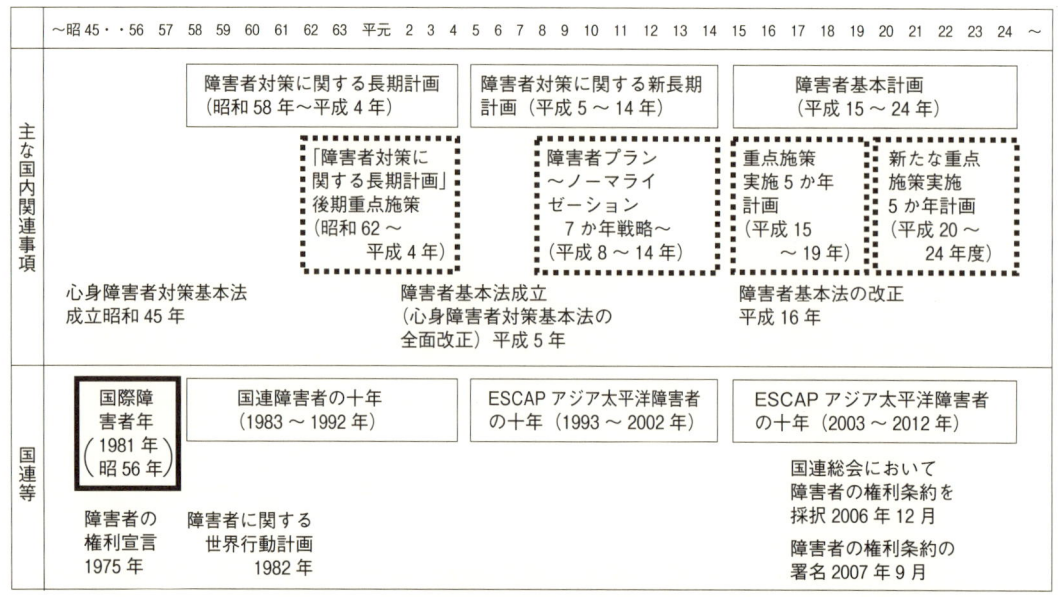

図 1-2-2　障害者施策の動向（内閣府, 2008）

　そのほか，障害者に対するサービス給付に関する施策については，2003（平成15年）年4月に，従来の行政による措置制度にかわって，支援費制度がスタートしました。しかしその結果，障害種別によるサービス体系，自治体ごとのサービス提供のバラツキ，サービス利用者の急増による財源確保の困難など，さまざまな問題点が浮かび上がってきました。このような実態を受けて，国は2006（平成18）年4月に障害者自立支援法を制定し，同年10月より新制度のもとでサービスが始まりました（93ページ参照）。しかしながら，障害者自立支援法では福祉サービスを利用した際に，サービスの利用実態に応じて，障害者に原則一割の応益負担を求めており，当事者にとっては実質的な経済的負担増になるなど，さまざまな問題点が指摘されています。

　一方，障害児施策に関する近年の動向としては，2005（平成17）年4月の発達障害者支援法の施行があげられます。同法は理念法であるものの，発達障害（学習障害，注意欠陥／多動性障害，アスペルガー症候群など）を法的に初めて定義しました。さらに同法は上記の発達障害児に対する，幼児期から成人期に至るまでの，一貫した支援体制の整備とサービスの提供を，国や自治体に求めています。

5　わが国の障害者の現況

（1）障害者と生活の場

　つぎに障害をもつ人々の現況と生活についてみていきましょう。厚生労働省が2006（平成18）年に実施した身体障害児者に関する調査によれば，身体障害者の総数（推計値）は366万3千人とされます（表1-2-5）。なお2005（平成17）年の国勢調査データを参照すると，身体障害をもつ人々の人口は国民1,000人あたり29人となります。

表 1-2-5　障害児者数（内閣府, 2008）

		総数	在宅者	施設入所者
身体障害児者	18歳未満	9.8万人	9.3万人	0.5万人
	18歳以上	356.4万人	348.3万人	8.1万人
	合計	366.3万人（29人）	357.6万人（28人）	8.7万人（1人）
知的障害児者	18歳未満	12.5万人	11.7万人	0.8万人
	18歳以上	41.0万人	29.0万人	12.0万人
	年齢不詳	1.2万人	1.2万人	0.0万人
	合計	54.7万人（4人）	41.9万人（3人）	12.8万人（1人）
精神障害者	20歳未満	16.4万人	16.1万人	0.3万人
	20歳以上	285.8万人	250.8万人	35.0万人
	年齢不詳	0.6万人	0.5万人	0.1万人
	合計	302.8万人（24人）	267.5万人（21人）	35.3万人（3人）

注1：（　）内数字は，総人口1,000人あたりの人数（平成17年国勢調査人口による）。
注2：精神障害者の数は，ICD-10の「Ｖ精神及び行動の障害」から精神遅滞を除いた数に，てんかんとアルツハイマーの数を加えた患者数に対応しており，「患者調査」の外来患者を在宅者，入院患者を施設入所者とみなしている。
注3：身体障害児者の施設入所者数には，高齢者関係施設入所者は含まれていない。

　身体障害者児者の生活の場に着目すると，大多数の357万6千人（約98%）が在宅で生活を送っており，入所施設において生活を送る者は8万7千人（約2%）のみであることが理解されます。

　図1-2-3に1970（昭和45）年以降における，身体障害者（在宅）人口の年次推移を障害種別に示しました。身体障害者の総数については，1970（昭和45）年に140万8千人であったものが，以降，一貫して増加しており，2006（平成18）年には357万6千人と，身体障害者（在宅）の人口は36年間で約2.5倍に増加していることがこのグラフから理解されます。

　知的障害児者については，2005（平成17）年に行われた調査によれば，その総数（推計値）は54万7千人とされており，国民1,000人あたり4人が知的障害児・者であることが理解されます。

　知的障害児者の生活の場については，在宅で生活する者が41万9千人（77%），施設に入所している者が12万8千人（23%）です。

　図1-2-4に1990（平成2）年の以降における，知的障害児・者（在宅）人口の年次推移を示しました。その総数は1995（平成7）年に29万7千人であったものが，以降，一貫して増加しており，2005（平成17）年には41万9千人にまで増加していることが理解されます。

　精神障害者については，2005（平成17）年に行われた直近の厚生労働省の患者調査によれば，その総数（推計値）は302万8千人となっており，国民1,000人あたり24人が精神障害者であることがわかります。生活の場は地域で生活を送る者が267万5千人，施設等で生活する者が35万3千人となっており，20歳以上の年齢階層では，約12%が病院等の医療機関で生活を送っています。

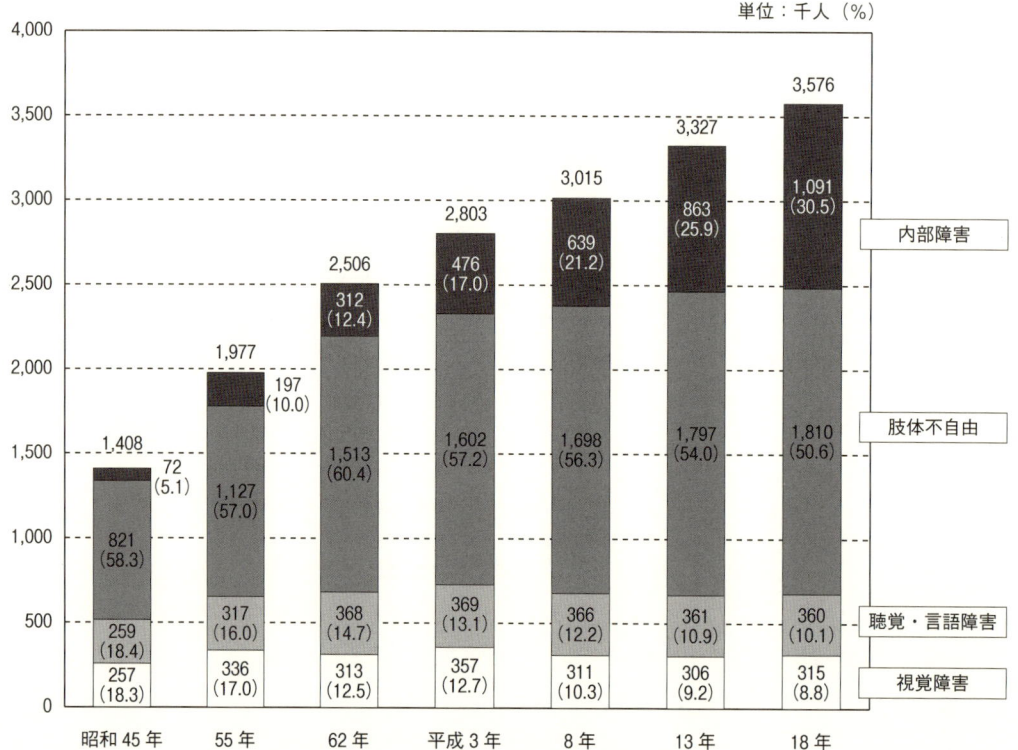

図 1-2-3　身体障害児者数の推移（内閣府, 2008）

注：昭和55年は身体障害児（0～17歳）に係る調査を行っていない。
資料：厚生労働省「身体障害児・者実態調査」

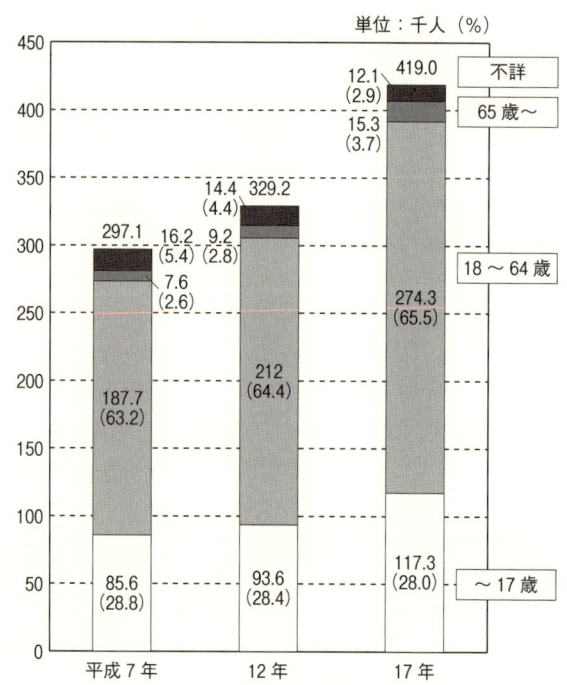

図 1-2-4　知的障害児者数の推移（内閣府, 2008）

資料：厚生労働省「知的障害児（者）基礎調査」

(2) 障害者の就労

つぎに身体・知的・精神障害者（15歳以上，64歳以下）を対象として2006（平成18）年に行われた就業実態調査に基づき，障害をもつ人々の就労の状況についてみていきましょう。

就業している（作業所や授産施設等を含む）身体障害者は57万8千人（43.0％）であり，就業していない者が72万2千人（53.7％）となっています。ただし，20歳から54歳の年齢階層では，仕事に就く者の割合は54.5％と，障害者全体の平均（43.0％）を上回っています。さらに就労の形態に着目すると，身体障害者では常用雇用者が48.4％となっています。

知的障害者では，35万5千人（15歳以上，64歳以下）のうち，仕事に就く者（作業所や授産施設等を含む）は18万7千人（52.6％）であり，就業していない者は16万人（45.0％）となっています。20歳から54歳の年齢階層においては，57.3％が仕事に就いており，障害者全体の平均（43.0％）を上回っています。つぎに知的障害者の就労形態に着目すると，常用雇用以外の者が80.0％を占め，常用雇用者はわずか18.8％にとどまっています。

精神障害者（15歳以上，64歳未満）については，その総数は35万1千人と推定されています。そして，仕事に就く者（作業所や授産施設等を含む）は6万1千人（17.3％）であり，就業していない者が28万3千人（80.7％）となっています。また20歳から54歳の年齢階層に限ってみると，仕事に就く精神障害者の割合はわずか19.9％にとどまっています。さらに精神障害者の就業状況については，常用雇用が32.5％，常用雇用以外による者が59.7％となっています。

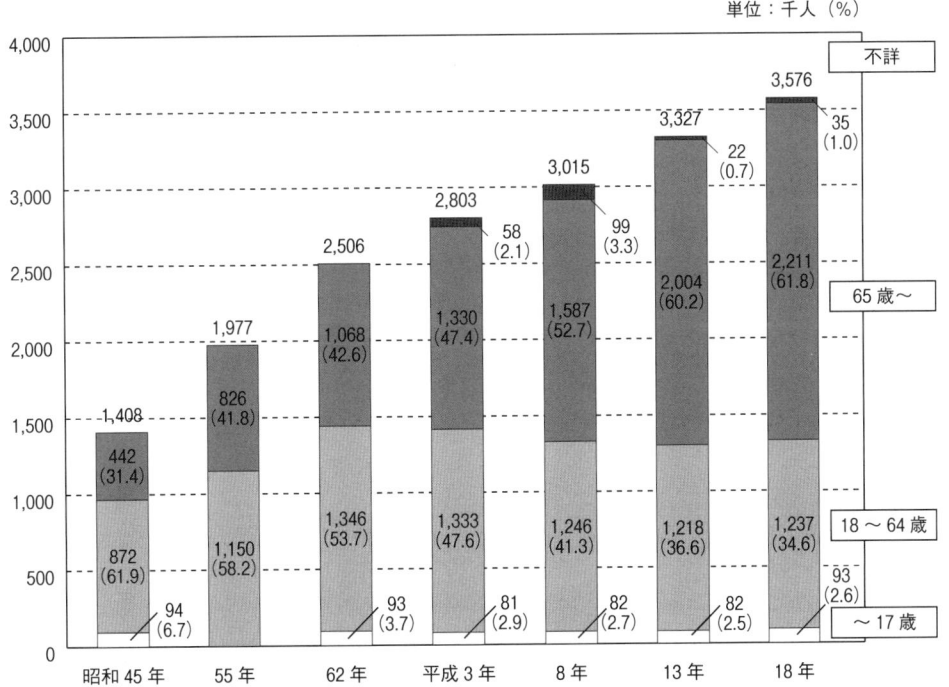

図1-2-5　年齢階層別にみた身体障害児者数の推移（内閣府，2008）
注：昭和55年は身体障害児（0〜17歳）に係わる調査を行っていない。
資料：厚生労働省「身体障害児者実態調査」

(3) 障害者人口の構造的変化

1）障害者の高齢化　近年の高齢社会の進展と成人期の慢性疾患の増加等を背景として，身体障害児者人口においては，高齢者（65歳以上）の占める割合が増加しています。身体障害者の人口全体に占める高齢者の割合の推移をみると，1970（昭和45）年に31.4％であったものが，1996（平成8）年には52.7％，2006（平成18）年には61.8％へと，明らかな増加傾向が認められます（図1-2-5）。

年齢階級別にみた人口1,000人に対する身体障害者数については，30歳代までは10人を下回るものが，40歳代では11.1人となっており，以降，50歳代では24.4人，60歳から64歳の階級では48.9人，65歳から69歳では58.3人，70歳以上では94.9人となっています。

一方，知的障害児者については大きな人口構造の変化は認められません。知的障害児者に占める高齢者（65歳以上）の割合は，（平成7）年には2.6％，（平成12）年には2.8％，（平成17）年には3.7％と推移しており，顕著な高齢化の傾向は認められません。

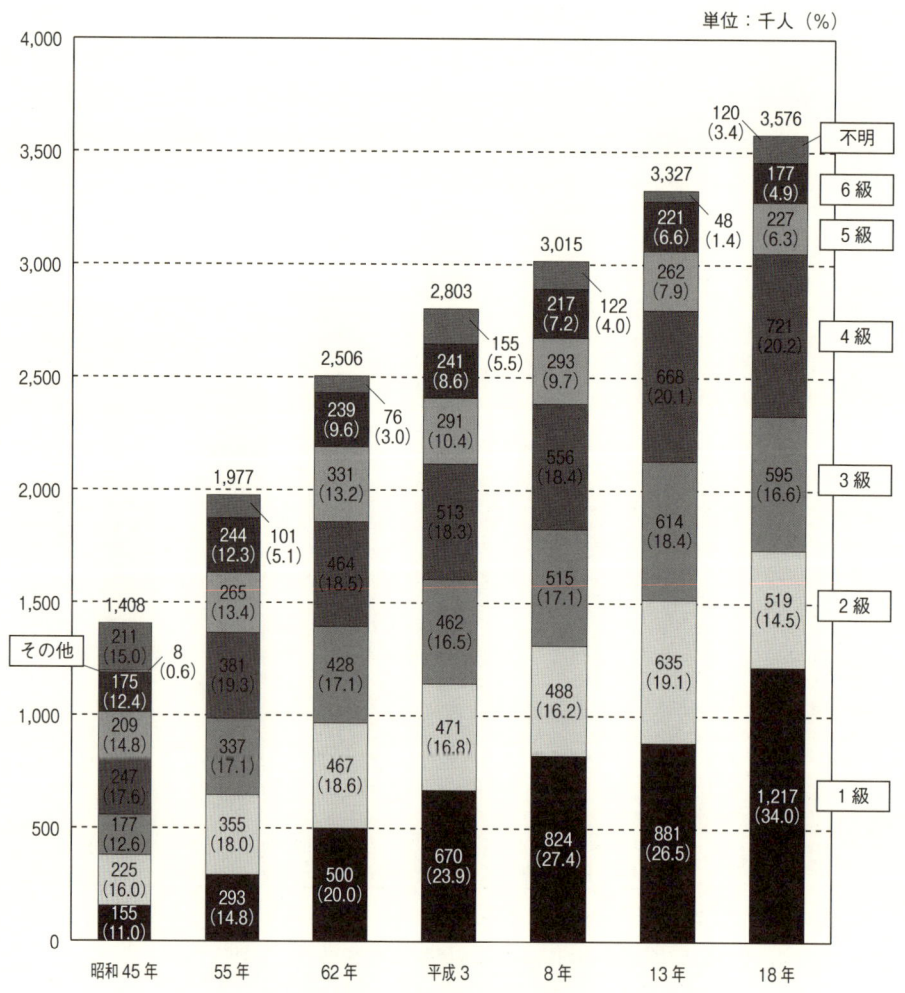

図1-2-6　程度別にみた身体障害児者数の推移（内閣府，2008）

精神障害者（在宅）においては，高齢者（65歳以上）の割合は，1999（平成11）年に25.9%，2002（平成14年）が27.2%，2005（平成17）には28.6%と推移しています。

2）障害者の重度化　さらに，近年の身体障害児者（在宅）の人口構造における第二の特徴として，障害の重度化があげられます。身体障害児者人口に占める重度障害児者（身体障害者手帳が1級と2級）が占める割合は，1970（昭和45）年には27.0%，1991（平成3年）年には40.7%，1996（平成8）年には43.6%，2001（平成13）年には45.6%，2006（平成18）年には48.5%にまで増えています（図1-2-6）。

知的障害児者（在宅）に占める「重度」と「最重度」の割合については，1990（平成2）年が47.4%，1995（平成7）には43.2%，2000（平成12）が42.0%，2005（平成17）が46.4%と推移しています。

6　障害とその構造的理解

(1) 障害とは何か

わが国では1993年に抜本的な改正がなされた障害者基本法（旧心身障害者対策基本法）がさらに2004（平成16）年に改正されました。そこでは〈「障害者」とは，身体障害，知的障害又は精神障害があるため，継続的に日常生活又は社会生活に相当な制限を受ける者〉と定義されています。同法では障害を大きく身体障害，知的障害，精神障害の3種類に大別し，さらに身体障害を視覚障害，聴覚障害，平衡機能障害，音声言語又は咀嚼機能障害，肢体不自由，内部障害に細分しています（表1-2-6）。ここでは，これら身体障害，知的障害，精神障害という障害特性による分類のみならず，後段の〈継続的に日常生活又は社会生活に相当な制限を受ける〉という点に注意を向ける必要があります。障害は病気や怪我の結果として，心身器官の構造や機能に何らかの異常が生じ，そのことと関連して，人間としての生活をおくるに際して何らかの困難が生じている状態をさすものと理解されます。ただし，障害者の経験する日常生活や社会生活の困難が，障害者個人の障害の種類や程度によってのみ，一義的に決定されるものではないことに留意する必要があります。

表1-2-6　障害の種類

身体障害	視覚障害	
	聴覚・平衡機能障害	聴覚障害
		平衡機能障害
	音声・言語または咀嚼機能障害	
	肢体不自由	
	内部障害（心臓，腎臓，呼吸器等）	
知的障害		
精神障害		

(2) 障害の構造的理解

障害を科学的に理解するためには，世界保健機関（WHO）が1980年に発表した，国際障害分類（機能障害，能力障害および社会的不利の国際分類：ICIDH）の学習が不可欠です。国際障害分類（ICIDH）では疾患や変調（病気や怪我）の諸帰結（いわゆる後遺症）を「機能障害（Impairment）」「能力障害（Disability）」「社会的不利（Handicap）」の3つの次元から構造的にとらえています。機能障害とは「心理的，生理的または解剖学的な構造または機能のなんらかの喪失または異常」とされ，身体器官レベルにおける障害です。能

表1-2-7　ICIDHとICFの比較（佐藤, 2001）

	ICIDH（1980）	ICF（2001）
タイトル	International Classification of Impairments, Disabilities, and Handicaps 国際障害分類（機能障害，能力障害および社会的不利の国際分類）	International Classification of Functioning, Disability and Health 国際障害分類改訂版（生活機能，障害および健康の国際分類）
概念図	病気・変調 → 機能障害 → 能力障害 → 社会的不利	健康状態（変調／病気） ↕ 心身機能／構造　活動　参加 ↕ 環境因子　個人因子
定義	**機能障害**とは心理的，生理的または解剖学的な構造または機能のなんらかの喪失または以上である。 **能力障害**とは，人間として正常とみなされる方法や範囲で活動していく能力の（機能障害に起因する）なんらかの制限や欠如である。 **社会的不利**とは，機能障害や能力障害の結果として，その個人に生じた不利益であって，その個人にとって（年齢，性別，社会文化的因子からみて）正常な役割を果たすことが制限されたり妨げられたりすることである。	**心身機能**とは，身体器官系の生理的機能である（心理的機能を含む）。 **身体構造**とは，器官，肢体とその構成部分などの，身体の解剖学的部分である。 **機能障害**（構造障害を含む）とは，著しい偏位や喪失などといった，心理機能または身体構造上の問題である。 **活動**とは，個人による問題や行為の実行である。 **参加**とは生活状況への個人の関与のことである。 **活動制限**とは，個人が活動を実行する際の困難のことである。 **参加制約**とは，個人が生活状況に関与する際の問題のことである。
分類項目数	機能障害　　1009項目 能力障害　　338項目 社会的不利　7項目	心身機能・構造　803項目 心身機能　　　　493項目 身体構造　　　　310項目 活動と参加　　　389項目 環境因子　　　　258項目

力障害とは「人間として正常とみなされる方法や範囲で活動していく能力のなんらかの制限や欠如」とされ，個人生活レベルでとらえた障害といえましょう。社会的不利とは「機能障害や能力障害の結果として，その個人に生じた不利益」であり，能力障害をもつ個人が社会生活において経験する障害と理解することができます（表1-2-7）。

各次元への援助アプローチとしては，機能障害に対しては医学が障害（インペアメント）を最小限にすべくアプローチします。能力障害に対しては理学療法士，作業療法士，言語聴覚士などによる機能回復訓練や障害児教育（特別支援教育）が行われます。社会的不利に対しては後述するバリアフリー化に代表される，行政や福祉がその問題解決にあたることになります。

佐藤・小澤（2006）は障害に対する構造的理解（ICIDH）に立脚した援助の有効性について「両手がなくても文通はできる」事例を紹介しています。この事例では，当初は両肘下欠損（機能障害）から「字が書けない」という能力低下が発現し，「文通ができない」（社会的不利）という事態が生じていた障害者において，上肢装具とワープロの使用訓練によ

〈当初〉　　　　　〈介入後：関連が断ち切られる〉

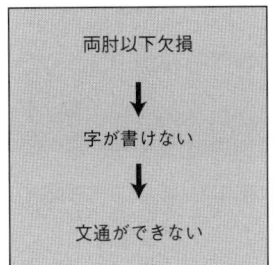 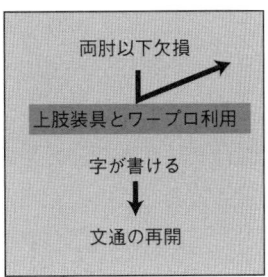

図 1-2-7　両手がなくても文通はできる（佐藤・小澤，2006）

り機能障害と能力低下の間の連鎖を断ち切ることに成功し，両手がなくても文通が可能となることが示されています（図 1-2-7）。

国際障害分類（ICIDH）は 1980 年に WHO により正式な障害の分類法として位置づけられて以来，全世界の障害者に携わる関係者の「共通言語」として使用されてきたのみならず，障害に関連した問題の本質的理解と解決（援助）手法の開発においても，計り知れない恩恵をもたらしてきました。

2001 年に世界保健機関（WHO）は国際障害分類（ICIDH）の改訂版である「生活機能・障害および健康の国際分類（ICF）」を発表しました。主な改定点は次の 4 点にまとめることができます。第一点は旧モデル（ICIDH）では各次元の関係性を「疾病・変調（後遺症）→機能障害→能力障害→社会的不利」という一方向の矢印で示していましたが，改訂版（ICF）では各次元の影響の相互性を認めています。第二点としては，ネガティブな意味を有する「能力障害（disability）」や「社会的不利（handicap）」という用語法を，それぞれ「活動制限（activity limitation）」と「参加制約（participation restriction）」に改めていることがあげられます。これは，障害をもつ人々の行動を，あくまで「○○をすることができる」という中立的な観点から記述しようとする意図によるものです。第三の変更点としては，旧モデル（ICIDH）と比べて ICF は「人間と環境の相互作用モデル」（佐藤・小澤，2006）を志向するものであり，障害の背景因子としての環境の影響を重視し，新たに「環境因子」を設けている点が注目されます。さらに第四として，旧モデル（ICIDH）における「疾病・変調」を「健康状態（health condition）」として再定義している点が注目されます。

7　リハビリテーションと「自立」

最近では生活のなかでリハビリテーションということばを耳にする機会が増えてきました。しかしながら，リハビリテーションという用語は，2 つの異なった意味合いで使用されるため，理解に際しては注意が必要です。

ひとつは広義のリハビリテーションであり，障害をもった人々の全人的復権を意味します。国際障害者年（1981 年）の翌年の 1982 年に，国連は「身体的，職業的，かつまた社会的に最も適した機能水準の獲得を可能とすることによって，各個人が自らの人生を変革し

ていくための手段を提供することを目指す，時間を限定するプロセス」とリハビリテーションを定義しています。さらに，1993年に障害者の機会均等化に関する基準規則では「障害をもつ人がその身体的・感覚的・知能面・精神医学面かつ，または社会機能面で最善のレベルに達し，そのレベルを維持できるようにすることを目指す過程であり，障害をもつ人がその人生を一層自立させるための手段を提供する。リハビリテーションには機能を提供，かつまたは回復させるための措置や，失われたり欠如している機能や機能面の制約を補う措置も含まれる……（略）」と定義しています。

　もうひとつは脳血管障害で片麻痺が生じた患者に対する，歩行訓練や利き手交換などの機能回復訓練に代表される医学的リハビリテーションです。医学的リハビリテーションは狭義のリハビリテーションといえるでしょう。

　さらに，近年のリハビリテーションにおいては，障害者個人の活動の制限（activity limitation）の軽減を企図した，従来の機能回復訓練に代表される日常生活動作（Activities of Daily Living：ADL）重視の時代から，福祉機器や福祉資源の活用，および，後述する社会全体のバリアフリー化の促進により，生活者としての障害者の自立（自律）を支援し，ひいては彼らの生活の質（Quality of Life：QOL）の向上をめざすものへと移りつつあります。なお，「自立（自律）」とは，障害をもった人々が自らの生き方を決定し，生活者としての自己実現を遂げる過程を意味しています。障害者の権利条約（2006）の第19条においても，〈自立（自律）した生活及び地域社会へのインクルージョン〉が強調されていますが，ここで述べられている自立とは，崔（2007）が指摘するように「ひとりで（独力）で立って歩く，自分ひとりでできるようになる」といった単純な意味での「自立」ではないことに留意する必要があります。

8 障害者の社会参加とバリアフリー

　障害をもつ人々が地域で生活を営み社会参加を実現するためには，社会にはさまざまな合理的配慮が求められます。これは私たちの社会が暗黙裏に多数派（マジョリティ）である健常者を念頭につくられてきた歴史的経緯に起因するものです。すでに述べたノーマライゼーションの理念を実現するために，社会や地域の中で，個別および具体的に実施される，障害者の社会参加を遮る「障壁（バリア）」を除去する取り組みを総称してバリアフリー化とよびます。また，国際生活機能分類（ICF）における「参加制約（participation restriction）」の問題を解決するためにはバリアフリー化が必須となります。障害者白書（平成12年版）によれば，バリアフリー化が求められる社会の障壁（バリア）はその性質から，①「物理的な障壁」，②「制度的な障壁」，③「文化・情報面での障壁」，④「意識上の障壁」に大別されます（総理府，2000）。

　物理的障壁（バリア）の一例としては，車イス利用者の移動を制限する段差や狭い昇降口などがあげられます。これらの物理的障壁については，ハートビル法と交通バリアフリー法が一本化され2006（平成18）年に成立した新バリアフリー法により，エレベーターや車イスで利用可能なトイレの設置などの改善が図られています。制度的な障壁（バリ

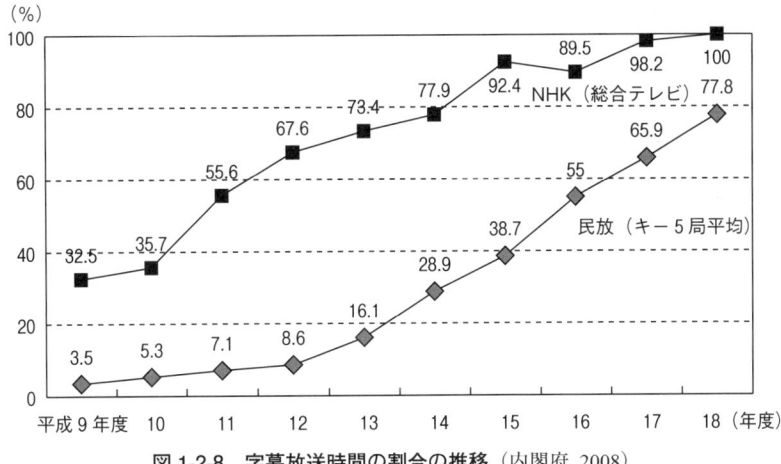

図 1-2-8　字幕放送時間の割合の推移（内閣府, 2008）

注1：2週間のサンプル週を調査したもの。
注2：この図表における「字幕付与可能な総放送時間」とは次に掲げる放送番組を除く7時から24時までの新たに放送する放送番組の時間数
①技術的に字幕を付すことができない放送番組（例　現在のところのニュース，スポーツ中継等の生番組），②オープンキャプション，手話等により音声を説明している放送番組（例　字幕付き映画，手話ニュース），③外国語の番組，④大部分が歌唱・器楽演奏の音楽番組，⑤権利処理上の理由等により字幕を付すことができない放送番組
注3：系列局が制作する番組を含む。

ア）の代表的なものとして，障害者に係る欠格事項があり，従来，障害者の資格や免許取得の機会を制限してきました。この欠格事項については，中央障害者施策推進協議会より出された「障害者に係る欠格条項の見直しについて」を踏まえ，国においても1997（平成11）年以降，従来の絶対的欠格を相対的欠格へ改めるなどの施策が図られているところです。文化・情報面での障壁とは，障害者のコミュニケーションや文化的生活の実現を阻害するものです。文化・情報面での障壁への解消の一例として1997（平成9）年の放送法の一部改正による，文字字幕放送の推進があげられます。図1-2-8にNHKおよび民放キー局における文字字幕放送の現況を示しました。この字幕放送により，現在では聴覚障害をもつ人々もテレビ番組の視聴が可能となり，彼らの安全で文化的な暮らしの実現に寄与しています。意識上の障壁とは心のバリアともよばれ，健常者が障害者に対してもつ差別的な意識や障害者を無意識に庇護される存在としてとらえてしまう眼差しです。意識上の障壁の解消には，幼少期からの障害児との交流などが有効であることが指摘されています。

■ 第1部文献
福田誠治　2007　格差をなくせば子どもの学力は伸びる―驚きのフィンランド教育　亜紀書房
川島　聡・長瀬　修（仮訳）2008年5月30日付　障害のある人の権利に関する条約仮訳
警察庁　2009　平成20年中における自殺の概要資料
厚生省大臣官房障害保健部企画課　1998　ノーマライゼーションをめざしていっしょにあるこう　厚友出版
厚生労働省社会・援護局障害福祉保健部　平成18年身体障害児・者実態調査結果
　　http://www.mhlw.go.jp/toukei/saikin/hw/shintai/06/dl/01.pdf
厚生省（監修）　1998　厚生白書平成10年版　ぎょうせい
厚生統計協会　2008　厚生の指標　国民の福祉の動向，第55巻，第12号．厚生統計協会

近藤克則　2007　検証「健康格差社会」介護予防に向けた社会疫学的大規模調査　医学書院
Marmot, M.　2005　*The status syndrome: How social standing affects our health and longevity*. Owl Books.
文部科学省ホームページ　OECD生徒の学習到達度調査（PISA2006）
　　http://www.mext.go.jp/a_menu/shotou/gakuryoku-chousa/sonota/07032813.htm
長瀬　修・東　俊裕・川島　聡　2008　障害者の権利条約と日本―概要と展望　生活書院
内閣府　2003　ソーシャル・キャピタル：豊かな人間関係と市民活動の好循環を求めて
内閣府　2008　障害者白書平成20年版
　　http://www8.cao.go.jp/shougai/whitepaper/h20hakusho/zenbun/index.html
内閣府　2008　障害者白書（平成20年版）佐伯印刷
内閣府　2008　国民生活に関する世論調査
内閣府　2008　報道資料　平成19年度の字幕放送の実績
　　http://www.soumu.go.jp/s-news/2008/080630_6.html
中野善達　1997　国際連合と障害者問題　エンパワメント研究所
ナンリン・筒井淳也・石田光規・桜井政成・三輪　哲・土岐智賀子　2008　ソーシャルキャピタル　社会構造と行動の理論　ミネルヴァ書房
日本障害者協議会　1995　障害者の機会均等化に関する基準規則（日本語版　長瀬修訳）JDジャーナル増刊No.174　日本障害者協議会
崔　栄繁　2007　Q11 この条約では、自立生活をどのようにとらえていますか？　東俊裕監修　障害者の権利条約でこうかわるQ&A　解放出版社
佐藤久夫　1999　障害者福祉論（第3版）誠信書房
佐藤久夫　2001　ICIDH, ICFの歴史　OTジャーナル, **35**(9), 924-927.
佐藤久夫・小澤　温　2006　障害者福祉の世界（第3版）有斐閣
総理府　2000　障害者白書（平成12年版）　大蔵省印刷局
障害福祉研究会　2002　ICF国際生活機能分類・国際障害分類改訂版　中央法規
橘木俊詔　2006　格差社会―何が問題なのか　岩波書店
山内直人　2006　コミュニティ活性化とソーシャル・キャピタル　公衆衛生, **70**, 6-9
柳川　洋・山田知子・若林チヒロ・萱場一則（編）2006　社会福祉マニュアル　南山堂

第2部 福祉ニーズを有する人々の理解

　皆さんは介護体験においてさまざまな人々と出会うことになります。第2部では先に学んだ障害観のパラダイムシフトを踏まえつつ，学生の皆さんの介護体験における学習を有意義なものとするために，障害児（者）および福祉ニーズをもつ人々への人間理解を深めることをねらいとします。

　はじめに特別支援学校（盲・聾・養護学校）に在籍する児童生徒を中心として，身体障害（視覚障害，聴覚障害，言語障害，肢体不自由）と知的障害（発達障害を含む）をもつ人々について，その障害特性と教育的ニーズなどについて学びます。具体的にはそれぞれの障害の定義や分類，心理的特性・発達に加えて，体験を有意義なものとするために不可欠である，障害をもつ人々とのコミュニケーションの方法や対応にあたっての留意点について，コラムを交えながら概説します。次いで，近年になり障害者福祉の対象に新たに加わった精神障害について，統合失調症と気分障害，依存症を中心に，その正しい理解を促すべく解説を行います。

　さらに認知症を中心とした福祉ニーズを有する高齢者について学びます。具体的には加齢にともなう心身両面の変化と生活機能の実相についての学習を進めます。

　最後に児童をとりまく近年の社会的動向を踏まえつつ，虐待を受けた児童を中心として，児童養護施設における要保護ニーズをもつ児童についての解説を行います。

1　身体障害
2　知的障害児
3　発達障害児
4　精神障害者
5　援護を要する高齢者
6　保護を要する児童

1 身体障害

1 視覚障害児

(1) 視覚障害の定義

視覚障害とは，医学的にみて病変等による原因で視覚を十分に使用することができないことを前提に，教育を受ける際に一般的な教育プログラムをそのまま適用したのでは教育の目的を達成することが困難であること，また，配慮がない状態で社会活動をすると，かなりの不便をきたすことを含む概念です。

医学的な定義としては，原因の如何(いかん)にかかわらず，図2-1-1に示した眼球だけではなく，視神経が通る視路，脳の視中枢に病変があり，そのために視力，視野，色覚，明順応，暗順応，眼球運動，調節，両眼視などの視機能が永続的に低下している状態を総称します。そして，視覚障害とは手術などの治療がすべて行われ矯正眼鏡や老眼鏡程度の光学的矯正処置が完全にとられても，残ってしまった回復困難な視機能低下だけをさします（原田，1982）。

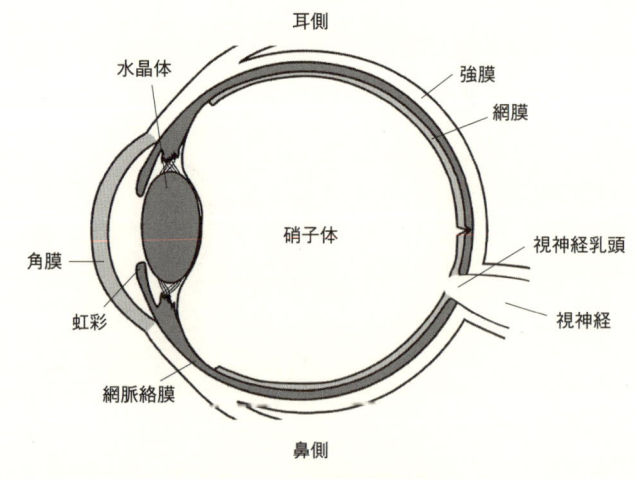

図2-1-1 眼球の水平断面

(2) 視力による視覚障害の分類

従来，視覚障害の程度は主として教育的・社会的に影響が大きいとされる視力によって分類され（図2-1-2），その程度によって支援の内容が決定されてきました。しかし福祉機

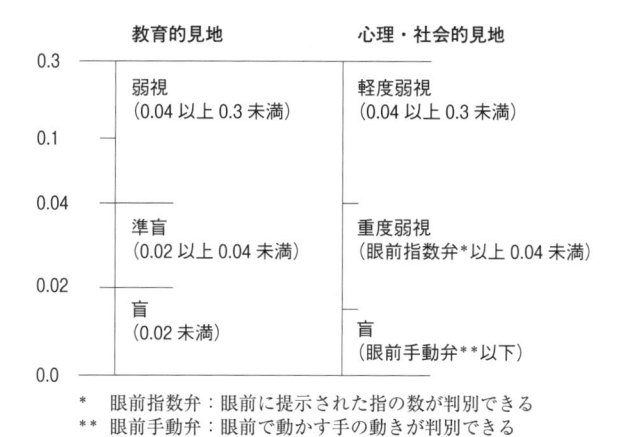

	教育的見地	心理・社会的見地
0.3	弱視 （0.04 以上 0.3 未満）	軽度弱視 （0.04 以上 0.3 未満）
0.1		
0.04	準盲 （0.02 以上 0.04 未満）	重度弱視 （眼前指数弁*以上 0.04 未満）
0.02	盲 （0.02 未満）	盲 （眼前手動弁**以下）
0.0		

* 眼前指数弁：眼前に提示された指の数が判別できる
** 眼前手動弁：眼前で動かす手の動きが判別できる

図 2-1-2 視力による視覚障害の分類

器や情報機器の開発や普及等によって，視力の程度が生活や教育上の障害と直結しているとはいえない状況があります。また，障害の程度を大きく分類する場合は，視覚以外の他の感覚を主に活用して学習・生活する「盲」と，視覚に障害があっても視覚を活用して学習や生活をすることができる「弱視」に2分類するのが一般的です。

(3) 視覚障害の影響

視覚機能の損傷の程度によって，発達や教育，社会生活に与える影響が異なります。先天性の「盲」である場合，次のような活動の制限が生じることによって発達に影響を及ぼし，社会生活に不便をきたすといわれています。

1) **見て知ることができない** 空間における物と自分との関係や，物と物との関係などを視覚的にとらえることが困難なため，獲得する概念や知識が不正確になりやすくなります。また，視覚によらなければ理解できないもの（たとえば太陽とか雲のように直接手が届かないものや，山や湖やビルディングのように大きすぎて全体を直接触れないもの，蟻などのように小さすぎて形がわからないもの，しゃぼん玉のように触ったら壊れたり形が変化してしまうもの，蝶などのように飛んだり，動いたりしているものの様子，色彩など）は理解が不十分になります。

2) **視覚的に人の行動の模倣ができない** 動作の習得に時間がかかります。

3) **環境を的確にとらえることに困難がある** 自由に歩き回ったりすることに制限があります。

なお，成人の視覚障害者の社会への参加レベルを評価した報告（日本社会事業大学社会事業研究所，1998）では，何らかの配慮をしなければ完全参加できない活動は多いけれども，対人支援等によって完全参加できる活動や，製品，用具などを導入することによって参加が可能となる活動も多いことが指摘されています。

(4) 視覚障害児の発達

視覚に障害があっても，それだけで発達に重大な遅れをもたらすことはありません。

"Our Blind Children"（Lowenfeld, 1964）の著者ローエンフェルド博士は，「盲幼児は，本質的に一般の子どもと同じ過程で発達する。しかし，彼らの学習方法は一般の子どものそれと同一ではないため，発達の速度が緩慢な場合もあるが，全体としては重大な遅れをもたらすことはない」と述べています。

ただ発達の領域によっては，行動の獲得に長い時間を要するなど，一般の子どもの発達とは異なる部分がないわけではありません。また，視覚に障害のある子どもの中には，知的障害や，中枢性の運動障害，てんかん発作等を合併する子どもが比較的多くみられ，このような障害は，子どもの発達にさまざまな影響を与えるので一概に論ずることは困難です。

また，視覚障害の程度が同じであっても，後天的に障害を受けた子どもにおいては，障害の発現した年齢によって，ある行動の発達が先天性の視覚障害児と異なる場合があります。加えて，弱視児の発達は盲児のそれと異なることが少なくありません。

以上のように，視覚障害児の発達は大きくは障害のない子どもの発達と同じですが，同じ視覚障害であっても細部においては，視覚障害が発現した時期や，障害の程度，合併する障害の有無やその程度等によって異なるため，個々の子どもの発達の状態を評価し，それに対応した配慮が必要となります。

(5) 支援に際して留意すること

視覚障害があっても，生活の中で慣れた環境や日常的に繰り返されることは，本人の力でできることが多いことを理解しておくべきです。わからないことがあり，手助けを求めているのではないかと判断される時に，声をかけて手助けの必要があるかを問うことは望ましいことです。しかし，初めからできないと決めつけて接すると相手を正しく理解する機会を逸してしまい，適切な援助ができないばかりではなく，相手の自尊心を傷つけることにもなります。

視覚障害児を援助する場合，相手が理解できることばで，いつもはっきり声に出して説明することや，理解できる方法でコミュニケーションをとるように留意すべきです。また

図 2-1-3　視覚障害児者のガイド方法

Column　目の見えない赤ん坊が，「物に手を伸ばすこと」を覚えるための工夫

　子どもは誕生した直後から，立体的な空間内に生活しています。外界に存在する多様な物を自分との関連の中で位置づけ，物と物との関係を理解するようになっていきます。このような行動は主として視覚によって調整されていて，視覚以外の感覚では正確さや認知できる範囲が限られます。

　目の見えない赤ん坊は，たとえば「物をつかむ，いじる，放す，音のする物に手を出す等」の，発達の初期の行動がうまくできないことがあります。想像してみてください。目の前や身体のすぐ側にきれいな珍しい物があっても，そのことに気づくことができないだろうと思います。

　音がすればそれに関心をもち聴きます。オルゴールの音がしただけで泣くことをやめたりします。しかし近くで鈴やガラガラのきれいな音がしても，それを握り，振ってその音を出すことができるということは自然にはわかりません。

　どうやってそのことがわかるようになるのでしょう。それにはちょっとした工夫が必要です。

　①赤ん坊が横になっている時，市販の玩具「サークルペット（写真）」を置きます。赤ん坊は眠っている時以外は盛んに手や足を動かします。すると自然に吊した玩具に手がぶつかり，その時の触感や音は，自分がどうやった時に体験できたかがわかるようになります。時には握ったまま振ったり，口に持ってきてなめてみようとしたりします。

　②赤ん坊を抱き上げてミルクを飲ませる時，ガラガラなど振ってあやす時，音を出してから実際に触れさせたり，握らせたりします。徐々に音がするだけでそれが何かがわかり，手を出してくるようになります。

　③頸が据わって身体を起こしていてもふらふらしないような時期には，テーブル付きの椅子に座らせて，テーブルにおもちゃを置いておくと，つかんだり放したり，持った物でたたいたりします。この時期は落としてしまったおもちゃを誰かが拾い上げておくことが必要です。

　このような学習を経て，目の見えない赤ん坊は身体の成熟とともに，這いはいや四つ這いなどで移動できるようになると，移動した場所で自分のまわりのさまざまな物を自分で触ったり，いじったり，たたいたり，引っ張ったりして，自分のまわりが動いたり音がする興味深い物に満ちていることに気がつきます。また，音がしていなくても決まった物については，部屋の中にあるものがわかり，夢中で遊ぶようになります。

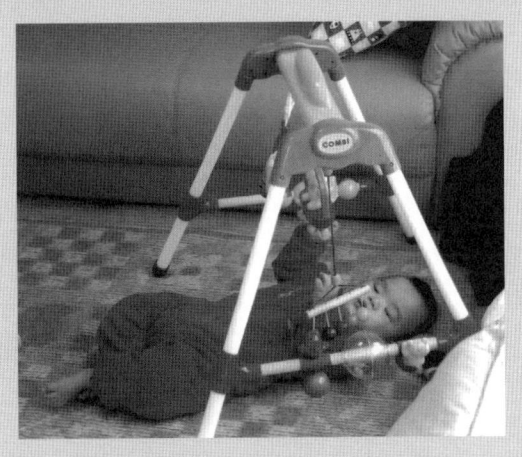

〔香川スミ子〕

実際に子どもの手をとって教えることや，子ども自身が直接触れること，体験することが有効ですが，言語を通して理解している場合には，ことばで説明して自分から触れるように勧める方がよいでしょう。無理に手を持って触れさせると拒否反応や警戒感を引き起こしてしまいます。すすんで体験をしたいという子どもの意欲を引き出すように，周りの状況を説明するなどの配慮が必要です。なお，盲の子どもや大人の移動をガイドする際の望ましい方法を図2-1-3に示しました。

■ 推薦図書
五十嵐信敬　1993　視覚障害幼児の発達と指導　コレール社
香川邦生　2000　視覚障害教育に携わる方のために改訂版　慶應義塾大学出版会

2　聴覚障害児

(1) 聴覚障害とは何か

聴覚障害とは，聴覚系に何らかの損傷が生じることによって，音の聞き取りに永続的な低下が生じている状態です。聴覚障害は生活音の聞き取りのみならず，ことば（音声）によるコミュニケーションに不便をもたらします。さらに聴覚障害は先天性のもののほか，乳児期から高齢期まで人生のさまざまな時期に発現します。

(2) 聞こえの仕組みと聴覚障害

1) 損傷部位による分類　　外耳と中耳のいずれかの部位に問題があり，音波や振動が内耳に伝わることが妨げられることにより，聴力の低下が起きているものを伝音性難聴とよびます（図2-1-4）。中耳炎に代表される伝音性難聴では，耳科的処置による聴力の回復が期待できます。さらに，伝音性難聴では聴力低下は軽度から中等度と，後述する感音性難聴に比べて軽く，言語音の聞き取りも良好です。伝音性難聴では内耳の機能には問題がないため，骨導補聴器の装用による聞こえの改善が顕著です。蝸牛から聴覚伝導路を経て大脳皮質聴覚野に至る部位に問題が生じて，聞こえに低下が起きているものを感音性難聴とよびます。感音性難聴では音が小さく感じられるだけでなく，聞き取られる音に歪みが生じることが多いため，言語音の聞き取りが困難となることがあります。特別支援学校（聾学校）に在籍する子どもの大部分は，後者の感音性の聴覚障害です。

2) 聴力による分類　　世界保健機関（WHO, 1980）は音声会話（言語音）の聞き取りに大切な500, 1000, 2000ヘルツの平均聴力レベルに基づいて，聴覚障害を5段階（軽度：26～40デシベル，中等度：41～55デシベル，準重度：56～70デシベル，重度：71～90デシベル，最重度：91デシベル）に分類しています。

(3) 聴覚障害の発見と評価

わが国では1990（平成2）年より3歳児健康診査に聴覚検診が導入され，現在では，一部の自治体では1歳6ヵ月健康診査においても聴覚検診が実施されています。さらに，近

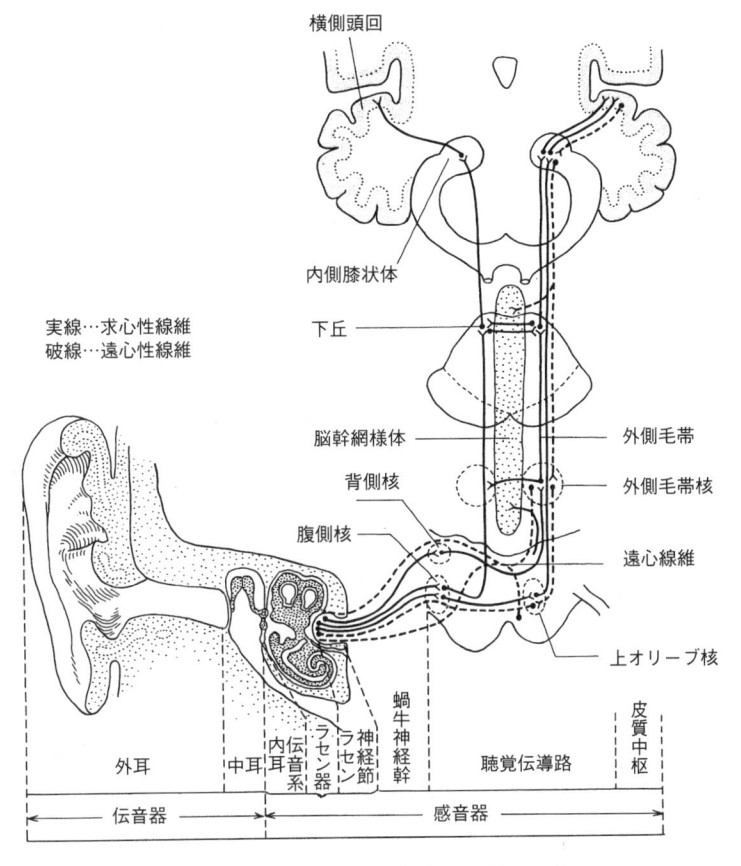

図2-1-4 聴覚系のしくみ (切替・野村, 2004)

年では聴性脳幹反応を用いた新生児聴覚スクリーニング検査（AABR, OAE）が急速に産科現場に導入され，その普及をみています。聴覚障害の早期発見は，早期からの補聴器装用や母子間における手指モード（手話，指文字）の導入など，適切なケアを開始するうえできわめて重要であることが，聴覚障害児を取り巻く教育・医療関係者の共通理解となっています。

聴覚障害の発見と評価においては児の年齢や発達状態に応じて，諸種の聴力検査法が用いられます。先述した新生児に適用可能なAABRやOAEに加えて，乳幼児では聴覚刺激を与えた際に生じる行動変化の観察から聴力を推定する，聴性行動反応聴力検査（BOA）（生後0ヶ月から適用可能）のほか，幼児が興味をもつ遊具を組み合わせた条件詮索反応聴力検査（COR）（生後6ヶ月から適用可能）やピープ・ショウ検査（生後3歳から適用可能）が使用されます。児童生徒や成人では純音聴力検査（生後6歳から適用可能）が使用されています。

純音聴力検査による聞こえの状態を，折れ線グラフ状に示したものをオージオグラム（聴力図）とよび，縦軸に感覚的な音の大きさである聴力レベル（dBHL）を，横軸には周波数（Hz）を配しています。聴力検査の結果を記載するにあたっては，右耳の気導聴力値を○，左耳の値を×で記入します（図2-1-5）。

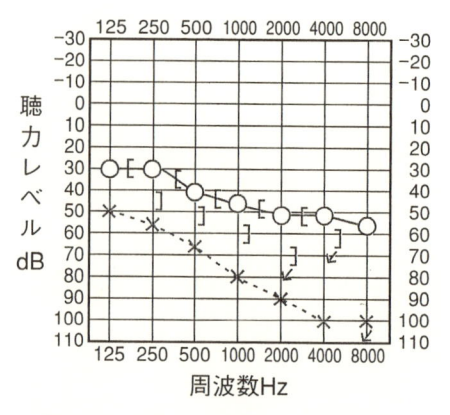

図2-1-5 オージオグラム（城丸, 1994）

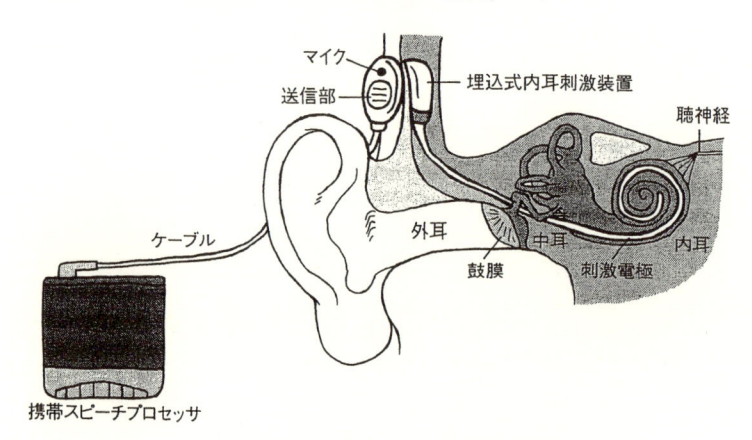

図2-1-6 人工内耳のしくみ（重野, 2006）

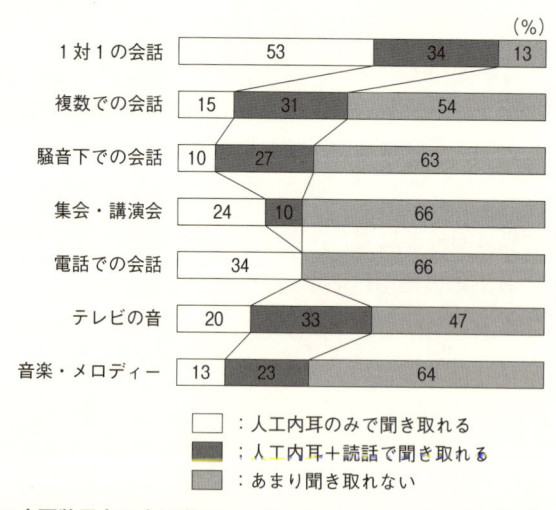

図2-1-7 人工内耳装用者の生活場面におけるコミュニケーション（川野・伊藤, 1999）

□：人工内耳のみで聞き取れる
■：人工内耳＋読話で聞き取れる
▨：あまり聞き取れない

（4）コミュニケーションの保障

1）補聴器と人工内耳　聴覚障害の早期発見に基づく補聴器などによる聴覚の活用は，聴覚障害児の母子間コミュニケーションの成立や，言語の発達を促進させる観点から重要であり，今日，特別支援学校（聾学校）に在籍する大部分の子どもが補聴器，もしく人工

内耳を装用しています。人工内耳は補聴器とはまったく原理が異なり，内耳（蝸牛）に挿入された電極より流れる電流が聴神経（ラセン神経節）を刺激することにより，有毛細胞に代わって人工的にインパルス（神経電位）を発生させる装置です（図2-1-6）。しかしながら，人工内耳の装用手術後にあっても，中等度の聴力低下が残り，学校や日常生活における会話の聞き取りに困難が続く実状に留意する必要があります（図2-1-7）。

2）**手話と指文字**　特別支援学校（聾学校）に在籍する子どものうち，約1割はデフ・ファミリー（聞こえない両親）のもとに生まれた児です。かねてからデフ・ファミリーで育つ子どもでは，発達早期より手話を介した母子間の確実なコミュニケーションが確保される理由から，認知・リテラシーの発達に加えて，アイデンティティの形成が良好であることが報告されてきました。このような知見を踏まえつつ，近年では特別支援学校（聾学校）だけでなく，聞こえる両親の家庭においても，発達早期から母子間のコミュニケーションを確実で豊かなものとするために，手話や指文字が積極的に取り入れられています。

(5) 聴覚障害と言語発達

特別支援学校（聾学校）に在籍する重度聴覚障害児の言語発達は，①聴力レベルや，②失聴時期に加えて，③教育開始時期，④他の障害の有無，⑤家庭環境といったさまざまな要因の影響を受けることが知られています。

聞こえる子どもは，誕生直後より大人からの語りかけをはじめとして，乳幼児期の母子間のコミュニケーションや周囲の人々との「聞く」「話す」といった経験を通して，小学校就学までの時期に急速に言語（日本語）を獲得させていきます。しかしながら，先天的もしくは言語獲得前（おおむね2歳まで）に重度もしくは最重度といった聴覚障害がある場合には，生活場面において音声コミュニケーションの経験を十分に積むことができないため，このような児では従来から言語諸側面の発達にさまざまな制約が認められることが報告されてきました。現在では早期からの聴覚補償や手話の導入，母親支援などにより，日常生活で使用する話しことば（生活言語）の側面では，語彙や構文ともに一定の水準まで，発達を遂げるようになってきました。しかしながら，「読む」「書く」といった書きことばの側面では，依然として遅れが認められることもあります。こうした状況に対して，特別支援学校（聾学校）では，幼児期に手話を含む多様なコミュニケーション手段を通して身につけた「伝え合う力」を基盤として，小学部就学以降には国語や自立活動の時間を利用して，日本語のリテラシー（「読み」「書き」）を高めるための指導を行っています。

(6) コミュニケーションにおける配慮

特別支援学校（聾学校）に在籍する子どもたちの聞こえは多様です。コミュニケーションを行う際には，あなた自身が，指さしや顔の表情，筆談（小学部以上）など，いろいろな方法を使って伝えることを心掛けましょう。さらに自らのスピーチの聴取が困難な聴覚障害児の発話（発音）は，必ずしも明瞭ではありません。子どもたちの発話が聞き取れない場合には，「わからない」という顔の表情を使いながら，「聞き取れないので，もう一度お願いします」または「書いてください」と頼んでみましょう。話されている内容がわから

> ### Column 聾学校ではあなたが『障害者』！？
>
> 　介護体験のフィールドには聾学校が含まれています。聾学校では他のフィールドでは体験することのできない新鮮な『感覚』に出会うことができるでしょう。聾学校は聴覚（聞こえ）に障害のある子どもたちが通う学校です。子どもたちは聴覚障害を補うために補聴器や人工内耳などの機器を装用していますが，聴覚からの情報の取り入れだけでは限界があるため，視覚的な手段（手話や指文字，読唇など）を使ってコミュニケーションを成立させています。現在，ほとんどの聾学校の子どもたちは，手話を用いて友だちと会話をします。子どもたちだけでなく，多くの学校では先生たちも音声だけではなく，手話を用いて子どもたちとコミュニケーションをとるようになってきています。
>
> 　さて，介護体験で初めて聾学校の門をくぐった（手話を知らない）あなたは，手話が飛び交う聾学校の中ではコミュニケーションの『障害者』となってしまうのです。手話に音声がともなっていても，子どもたちの発音は明瞭ではないため，不慣れなあなたにはうまく聞き取れないことでしょう。子ども同士が楽しそうに手話で会話をし，授業では先生と子どもたちが手話でやりとりをしながら進んでいきます。でもあなたは子どもたちが何を言っているのか理解できない，さらには先生と子どもたちの展開するコミュニケーションに加われない状況に身を置くことになるでしょう。まして，私のような聾教員と子どもたちとの手話の会話は，一朝一夕で覚えた手話では理解するのは大変困難です。
>
> 　普段の生活の中では何らコミュニケーションに『障害』をもたないと思っていたあなたが，手話を使用する人が多数派である聾学校の中では，一転してコミュニケーションに困難をきたし，コミュニケーションに困難をもつ『障害者』になってしまうのです。「朝から夕方までの一日，まわりが何を言っているのかわからない」「同じ介護体験の（聞こえる）学生仲間が一緒で，音声で会話をするとホッとする」「教室に一人でいる時には，どうすればいいんだろう？」「子どもたちとは話が通じない。子どもたちが笑っているけど，何がおもしろいのだろう？　何を楽しそうに話しているのか知りたいな」など，いろいろなことを感じることでしょう。この時にこそコミュニケーションの『障害』を体感することができるでしょう。そして一日の体験が終わって聾学校の門を出ると，とてもホッとすると思います。
>
> 　ここで考えてほしいのは，聾学校で学ぶ聞こえない子どもたちは，聾学校の外の聞こえる人々が多数を占める社会や家庭の中では，いつも先ほどの皆さんと同じような状況に置かれているということです。普段よりコミュニケーションの大変さを一番わかっている聞こえない子どもだからこそ，聾学校を訪れたあなたの苦しさを，誰よりもわかってくれるのです。あなたを温かく迎え，手話がわからないならば身振りや筆談を使って一生懸命に伝えようとしたり，一緒にコミュニケーションを楽しもうと働きかけてくれるでしょう。だから，どうぞ安心して聾学校に来てください。聾学校ではあなたにとっての障害者というとらえ方がきっと変わるはずです。聴覚障害者は「聞こえない」から『障害者』なのではなく，家庭や学校，職場などでコミュニケーションが成立する環境がきちんと整えられていないことにより『障害者』になってしまうのです。
>
> 　最後に，いつかあなたが家庭をもち，もし聞こえないお子さんを授かったら……，どうぞあなたのお子さんには，聾学校であなたが体験するような，コミュニケーションに加われない寂しい気持ちを味あわせないでください。お子さんとのコミュニケーションには，そっと手（手話）を添えてあげてください。
>
> 〔戸田康之〕

ないのに「わかりました」と曖昧な笑顔や頷きで応じると，その時点で，大切なコミュニケーションが途絶えてしまいます。加えて「わからないので，もう一度言ってください」を意味する，顎の下に軽く握った拳をおき，人差し指を立てながら前に向けて弾き出す手

話をおぼえておくと便利でしょう。

■ **推薦図書**
河崎佳子　2004　きこえない子の心・ことば・家族　明石書店
全日本ろうあ連盟　1998　聞こえないってどんなこと　一橋出版
斉藤道雄　1999　もうひとつの手話　晶文社

3　言語障害者

(1) はじめに

　私たちにとって「ことば」とは何でしょうか。一般に，「ことば」はいわゆるコミュニケーションの道具とされていますが，それよりも本質的に，「ことば」は人間が外的世界を認識し，内的世界の中で思索し，他者に対して表現するための，「自分らしさ」の道具と考えられます（鈴木，1997）。そして人間はそれを，生涯を通じて発達・成熟させていくのです。

　人間の「ことば」の営みは，大別すると2つの生体活動に支えられています。1つは発声－発音に関わるのどや口など局所の運動で，スピーチ（話しことば）の水準での生体活動です。もう1つは，表現の構成や理解に関わる脳の抽象的・心理的事象で，ランゲージ（言語）の水準での生体活動です。

　さて，生体活動は，時に病気や怪我などの影響を受けることがありますが，「ことば」の営みも例外ではありません。それが後遺症として「ことば」の障害（言語障害）を負う状態にまで至る場合があり，人生のどの時期に負ったかということも含め，その障害特性は多様です。聴覚障害や知的障害に関わる「ことば」の問題については，本書のほかのところでふれていますので，本節では，主に，運動障害性構音障害と失語症という，主に成人の言語障害について考えてみることにしましょう。

(2) 運動障害性構音障害

　1) 話しことばの生物学的基盤　　発声－発語器官の運動を直接的に行っている神経と筋のしくみ（運動指令を伝える経路）を大まかにみてみましょう。大脳皮質にある運動中枢から出た神経線維（上位運動ニューロン）は，延髄や橋という場所にある脳神経の核で，次の神経線維（下位運動ニューロン）に中継され，声帯，舌，口唇など，各発声－発語器官の筋へ接合しています。この経路で伝えられた運動指令の程度によって，筋が収縮し，発声－発語運動となるのです。

　なお，発声には吐く息（呼気）が用いられ，それが声のエネルギー源となっていますが，このエネルギーを供給するためには，適宜息を吸わなければなりません。すなわち，呼吸運動にあずかる別の神経－筋のしくみが，発声－発語運動と連動して働いています。

　たとえば日本語が「なめらか」に「安定」して話されるためには，これらの複合的な発声－発語運動を，効率よく協調・制御する必要があります。それには，小脳や大脳基底核の働きが関係しています。

2) 障害の原因と特性　発声-発語器官の運動制御に関わる神経-筋の系統のどこかに，何らかの病変や損傷が及ぶと，筋力の低下や運動麻痺，協調障害が生じて，「うまく発音できない」「ろれつが回らない」「はっきりと声が出せない」などの症状が現われます。これが運動障害性構音障害です。

疾患としては，脳梗塞や脳出血などの脳血管障害，パーキンソン病や筋萎縮性側索硬化症（Amyotrophic Lateral Sclerosis；以下 ALS と記す）などの神経変性疾患，その他，脳腫瘍や脳外傷がその原因となります。

ダーレー（Darley et al., 1975）によると，運動障害性構音障害には6つの下位分類（障害特性）が認められます。すなわち，①力が入らず弱々しい話し方で，鼻にかかった声や子音の歪みがみられる弛緩性構音障害（下位運動ニューロン障害），②力がこもった努力性の話し方で，総じて発話が遅く，不自然な会話の途切れがみられる痙性構音障害（上位運動ニューロン障害），③発声が爆発的になり，発音が不規則に変動するのが特徴で，発話のリズムの乱れがみられる失調性構音障害（小脳病変），④運動の範囲と速度が顕著に減少するため，小声で抑揚に乏しい話し方となり，しばしば発話が休止してしまうことがある運動低下性構音障害（パーキンソン病），⑤不随意運動によって発声・発語運動が阻害され，容易に声量が変動したり，発音が不規則に歪んだりする運動過多性構音障害（舞踏病など），⑥神経-筋の系統が多重に障害されることにより，文字どおり混合した障害特性を示す混合性構音障害（ALS など），です。たとえば，ALS は病気の進行に応じて，①あるいは②が生じます。

なお，肢体不自由の項で解説する脳性麻痺にみられる言語障害の1つは，この運動障害性構音障害です（42 ページ参照）。

3) リハビリテーションとコミュニケーションにおける配慮　運動障害性構音障害の言語リハビリテーションでは，症状や重症度にあわせて，まず発声-発語運動の要素的な練習を行います。

具体的には，①安定した安静時呼吸を得る練習，②発声-発語に必要な呼吸パターンの練習，③呼気との協調を図る練習，④声を出す／出さないの区別をする練習，⑤発声持続時間の延長，声域・声量の拡大を図る練習，⑥鼻音／非鼻音の区別をする練習（鼻咽腔閉鎖運動），⑦安定・正確な発語器官運動練習（口の体操），⑧安定・正確な発音の構えの練習，⑨安定・正確な発語運動移行の練習，などが含まれます（柴田，1975 を一部改変）。

そして，これらの反復練習と併行して，会話等の実用練習へも展開していきます。

ただし，症状がより重度の場合などでは，発話明瞭度が向上しづらいことも多くあります。患者さんの残存した発声-発語能力を最大限に生かしながらも，五十音表や筆談，指さし，スイッチ類を工夫した意思伝達装置などの拡大・代替コミュニケーション（AAC：Augmentative and Alternative Communication）手段を，患者さんや家族のニーズによって選択し，使っていく練習もします。

患者さんに対応する際，聞き取りづらい場合でもわかったふりをしないで，いったん"はい／いいえ"の質問で内容を絞り込むなど工夫をしてみてください。患者さんには短めにゆっくり言うように促すと，発話が聞き取りやすくなる傾向があります（毛束，2002）。

(3) 失語症

1）言語の生物学的基盤　私たちは，「ことば」を「頭で」考えたりわかったりしている，という実感が日常的にありますが，いいかえると，大脳で言語表現（言語記号）の構成や理解をしている，ということになります。

大脳は，肉眼的には，左右2つの部分（大脳半球）からなっており，その間を神経の太い束（脳梁）が連絡しています。また，表面の部分（大脳皮質）にはさまざまな機能の中枢があって，部位によってその固有の役割が分担されています（機能の局在）。一方，大脳の深い部分（皮質下）は，神経のネットワークが張りめぐらされているところで，脳梁を含め，脳内のさまざまな部分が相互に連絡し，全体として調和しています。

言語に関わる中枢は，基本的に，大脳のある部分に偏って位置していることがわかってきました。多くの人の場合左の大脳半球における，前頭葉のブローカ領野（運動性言語中枢），側頭葉のウェルニッケ領野（感覚性言語中枢），頭頂葉の角回・縁上回（言語意味や文字言語の中枢）が特に重要であると考えられています。これらが相互に連絡して，その人の言語の総体として機能しているのです（図2-1-8）。

2）障害の原因と特性　言語中枢やその神経連絡経路に，何らかの病変や損傷が及ぶと，それまでに獲得され機能していた言語記号を扱う能力が低下し，「ことばが思い浮かばない」「ことばが出てこない」「何を言われたのかよくわからない」などの症状が現われます。これが，失語症です（山鳥, 1985bを一部改変）。

原因となる疾患としては，脳血管障害が最も多く，脳外傷，脳腫瘍，脳炎などの感染症がそれに続きます。

主な病変・損傷が言語中枢のどこで生じたかによって，失語症はいくつかの障害特性のまとまり（臨床分類）を示します。すなわち，①理解は比較的保たれますが，表出に難渋する運動性失語（ブローカ領野を含む病変），②表出は流暢ですが言い違い（錯語）が多く，理解障害が顕著な感覚性失語（ウェルニッケ領野を含む病変），③理解は良好で，錯語も少ないのですが，名詞の想起が困難で，回りくどい言い方になる健忘失語（責任病変は諸説あり），④理解も表出も重度に障害される全失語（言語中枢の広範な病変），⑤理解は良好ですが，音の錯語が頻発し，復唱に難渋する伝導失語（弓状束という連絡神経の病変），などです。このほか，復唱だけが特徴的に良好な超皮質性失語や，症状が多様である皮質下性失語があります。

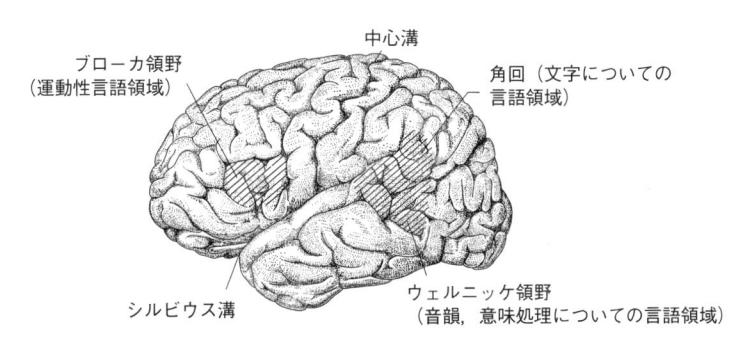

図2-1-8　主要な言語領域（大脳左半球を外側からみた図）（山鳥, 1985aを一部改変）

> **Column　重度失語症患者さんとのコミュニケーション臨床**
>
> 　　Xさん（70歳代・女性，右利き）。約5ヶ月前の早朝，右側上・下肢の軽い運動麻痺とことばの出にくさがみられたため，A救急病院を受診し，脳梗塞（のうこうそく）と診断されました。
> 　　そのまま入院となり，脳梗塞そのものの治療のほか，急性期のリハビリテーションが始まりました。言語検査を含めた臨床評価から，重度の運動性失語症ということがわかり，特に錯語（さくご）や復唱障害が著しく，なかなか目的の語にたどり着けず難渋していました。
> 　　その病院の言語リハビリテーションでは，ことばを聴いて該当する絵カードを選ぶ練習やものの名前を復唱する練習などを，積極的にしていましたが，その一方で，ことばがうまく出ないことに直面して常に悩んでいるXさんの様子がうかがわれました。
> 　　発症約1ヶ月後，Bリハビリテーション専門病院への転院を勧められ，一度は転院してみたものの，どうしても入院生活を続けるのがいやで，すぐ自宅へ戻ってきました。しかし，言語リハビリテーションが必要であることは，ご本人も何か感じており，相談の結果，C病院の外来リハビリテーションへ通ってみることになりました。
> 　　C病院の担当言語聴覚士（言語障害治療・支援の専門職）は，これまでの経緯を考慮し，従来のドリル的な言語練習ではなく，Xさんの「担当者とのコミュニケーションそのもの」を治療的にとらえ支援していくことを基本に考えました。週3回の面接日で取り上げた話題や語彙（ごい）などは，文字だけでなく簡単な絵も含めて，Xさんが持参するノートにまずは担当者が書き留め，Xさんが書こうとしたり，言いかけた場合は，呼応しながらもそれをじっくり待ち，Xさんの表現行動を支持することを，ゆっくり重ねました。
> 　　その結果，最近では，たとえばある時，Xさんが「だめなんだ…ほんとに」と涙ぐんでも，その日はそこで終わらず，友だち宅へタクシーで向かった時，運転手に道順案内をするのに苦労した旨（むね）まで，一部の発話と書字と身振りなどを組み合わせて表現できたり，お嫁さんの手を煩（わずら）わせないで，郵便局で貯金をおろす通帳の手続きを自分一人でできた旨を同様に表現した後，「初めて一人でしたよ…昨日はうんとうれしかった」と明瞭に発話するなど，以前とは異なる様子が徐々にみられるようになってきました。
>
> 〔鈴木　淳〕

　失語症では，症状の軽重はあるものの，言語の「聴く」「話す」「読む」「書く」各側面すべてに何らかの障害状態が認められますので，注意してください。

　3）リハビリテーションとコミュニケーションにおける配慮　　失語症の言語リハビリテーションは，機能低下した言語記号を扱う能力（「聴く」「話す」「読む」「書く」）と，日常コミュニケーション能力の改善・向上を図るために行われています。しかし，それは，ことばをもう一度覚えてもらうことを第一義になされるのではありません。困った時に手助けを求めて言いたいのに，その言おうとしている時に最も患者さんは困難を感じているという個々の心情に，最大限配慮がなされていなければ，そのリハビリテーションも日常生活も，ストレスフルな危機的状況の連続となってしまいます。

　脳損傷患者さん特有の，精神的な疲労のしやすさや注意力の変動，聴いたことの記銘力の低下などに留意し，こちらが話しことばに固執しないで，身振りや表情なども豊かに，関わりながら待つ姿勢を基本としてください。なお，運動障害性構音障害の患者さんとは異なり，五十音表によるコミュニケーションは，失語症の患者さんには不適切なので注意しましょう。

■ 推薦図書

地域ST連絡会失語症会話パートナー養成部会（編）2004　失語症の人と話そう：失語症の理解と豊かなコミュニケーションのために　中央法規出版

Hecaen, H., & Albert, M.　1978　*Human Neuropsychology*. John Wiley & Sons.（安田一郎訳　1983　神経心理学上・下　青土社）

Parr, S. et al.　1997　*Talking about aphasia*. Open University Press.（遠藤尚志訳　1998　失語症をもって生きる：イギリスの脳卒中体験者50人の証言　筒井書房）

4　肢体不自由児

（1）肢体不自由の定義

　肢体とは，四つの肢と体幹のことです。肢は支という意味をもち，体から分かれる腕と脚のことで，左右の腕を上肢，左右の脚を下肢といい，部位でみれば上肢は肩関節から手の指まで，下肢は股関節から足の指までを指します。体幹は脊椎骨（背骨）と肋骨および骨盤が支える胴体（頸部，胸部，腹部および腰部）のことです。したがって，肢体不自由とは上肢，下肢もしくは体幹に運動機能（動き）や感覚機能（感じること）になんらかの不自由＝障害（麻痺）がみられる状態です。肢体不自由は障害の現われる部位により以下のとおりに分類されます。

- ①四肢麻痺　　四肢のすべてに同程度の障害があり，体幹と顔面にも障害がみられることがある。
- ②両麻痺　　　主に両下肢に障害があり，上肢にも軽度の障害がみられる。
- ③対麻痺　　　両下肢の障害，上肢の障害はみられない。
- ④片麻痺　　　体の半分，右半身もしくは左半身の片側一側の障害。
- ⑤単麻痺　　　四肢のうち一肢のみに障害がみられる。

　障害の程度は，ほとんど不自由なく生活することができる比較的軽度のケースから医療的な配慮を必要とする重度のケースまで多様化しています。先天性の肢体不自由児は，四肢と体幹の重度の障害に加えて，重度の知的障害や他の障害を併せもつ重度・重複化の傾向が近年では顕著となっています。

　また，肢体不自由は身体のどの部分に不自由があるかにより，どのような動作や活動に困難がみられるか，どのような社会生活場面への参加に困難が生じるかが異なります。したがって，一人ひとりの障害の状態やその人を取り巻く環境を把握して，個々の児に応じた配慮や支援を行う必要があります。

（2）肢体不自由の原因と主な疾患

　肢体不自由は，さまざまな原因により生じます。その原因は，発生時期別に遺伝性，胎生期，周産期，後天性に大別されます。

- ①遺伝性の原因　　遺伝子変異，常染色体劣性遺伝など。
- ②胎生期の原因　　母胎の感染症，妊娠中毒症，薬物投与など。
- ③周産期の原因　　低出生体重（未熟）児，新生児仮死，核黄疸など。

```
            2.5%  11.5%
         3.0%
      4.7%
```

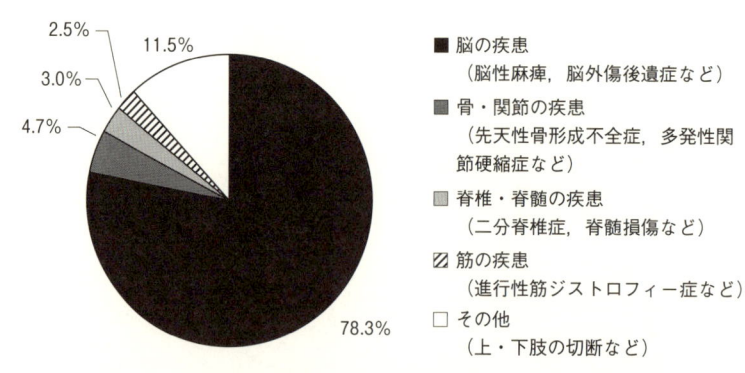

凡例:
- 脳の疾患（脳性麻痺，脳外傷後遺症など）
- 骨・関節の疾患（先天性骨形成不全症，多発性関節硬縮症など）
- 脊椎・脊髄の疾患（二分脊椎症，脊髄損傷など）
- 筋の疾患（進行性筋ジストロフィー症など）
- その他（上・下肢の切断など）

78.3%

図 2-1-9　肢体不自由特別支援学校在籍児の主な起因疾患の割合
参考　平成19年度全国特別支援学校（肢体不自由）児童生徒病因別調査
　　　全国特別支援学校肢体不自由教育校長会

④**後天性の原因**　　生後の感染症，髄膜炎，転落，交通事故等の事故など。

主な疾患は，脳の疾患，脊椎・脊髄の疾患，筋の疾患，骨や関節の疾患に分類され，代表的な疾患には以下のものがあります。

1) **脳性麻痺**　　脳性麻痺は，胎生期から周産期に大脳の運動中枢に損傷を受けたことにより筋緊張の亢進や低下をまねき，作業や移動場面で運動障害を生じたり坐位や立位などの姿勢保持が困難になる疾患です。脳の損傷は進行することはありませんが，運動障害の様相は発達，加齢により変化します。また，脳の運動中枢以外の部位も同時に損傷を受けることがあり，知的障害等を併せもつ重複障害児も多くみられます。原因は，新生児仮死，出生時の低体重，核黄疸が三大要因ですが，母体の疾病（妊娠中毒症，風疹など），新生児期の脳炎・髄膜炎などもあげられます。脳性麻痺は，障害の状態により以下に示す数種類の型に分類されます。

①**痙直型**　　身体を動かす時つねに筋が緊張して力の入った状態が続き，身体をスムーズに動かすことができなくなります。その結果，運動の協調性が制限され，四肢や体幹の動きがぎこちないものとなります。脳性麻痺児者の6割以上がこの型です。

②**アテトーゼ型**　　身体を動かそうとした際に，身体のさまざまな部位の不随意運動（意志に反して身体が揺れるように動く）により，意図した運動が行えないことが特徴です。不随意運動は精神的緊張による影響も受け，上肢，頸部，顔面に顕著にみられ，唇や舌，のどの動きをコントロールできずに言語障害をともなうケースが多くみられます。

③**その他の型**　　位置感覚とバランス感覚や手の細かな運動に障害がみられる失調型や，いくつかの型の症状が混在する混合型があります。

2) **脳外傷後遺症**　　交通事故など頭部の外傷により，脳に受けた損傷を原因とするものです。脳は，特定の部位が特定の機能をつかさどるため，損傷を受けた部位により左右どちらか半身の上下肢に障害が現われる片麻痺が多く，言語障害や高次脳機能障害などをともなうことがあります。脳血管障害によっても同様の症状が現われます。

3) **二分脊椎症**　　二分脊椎症は，胎児が発育する際に脊椎骨が形成されずに脊髄神経がはみだして神経線維が遮断された先天性の奇形です。主に下肢の運動障害，感覚障害と膀胱・直腸障害が現われます。脊髄神経が遮断された部位により運動障害と感覚障害の

> **Column**　肢体不自由の『見えにくい』障害　視覚認知の障害
>
> 　「見える」ことと「見たものがわかる，判断できる」ことは異なります。人は，目でとらえた光刺激を視神経を通して脳の視覚中枢で画像として判断（知覚）しています。ただしこの段階では，見たものが何であるかを判別しておらず，その画像が何であるかを判断する中枢が正常に働いて，初めて見たものがわかることになります。これが視覚認知です。すなわち，視覚認知は視覚により対象物を正確に知覚するという過程と，知覚されたものを過去の経験や知識に照らし合わせて判断する過程を含んでいます。
> 　肢体不自由のある人のなかには，視力は測定可能で大きな視機能の低下がないにもかかわらず，見たものを理解しにくい人がいます。このような人たちは視覚認知の障害が疑われます。視覚認知の中枢は脳にあるので，脳の障害に起因する脳性麻痺，脳外傷後遺症や脳卒中のケースにみられることがあります。
> 　具体的な例としては，学習場面で本を読む際に行をとばして読んでしまう，漢字を読むことはできるが正確に書けない，図形の問題やグラフの読み方でつまずきがみられることが挙げられます。日常生活でも，道を覚えることが難しい，階段や段差に気づかずにつまずく，空間の中から目的の物を見つけることが難しいといった様子がみられます。周りにいる人は，視力の低下がないにもかかわらず本人には見えていないことが理解できず，不注意や努力不足を指摘することがあります。
> 　このようなケースを見つけた場合は，視覚認知の障害があるか確認する必要があるでしょう。視覚認知の障害がある場合，教育現場や日常生活のサポートにおいて十分に配慮する必要があります。
> 　視覚認知の障害は，障害のある人たち自身が物や空間が「見えにくい（とらえにくい）」だけでなく，周りの人たちにその障害が「見えにくい（気づきにくい）」ことから二つの意味で「見えにくい」障害といえます。
> 〔松浦孝明〕

現われる部位が異なり，脊椎骨の未形成部位が背部の高い位置にあると体幹にも障害が現われます。感覚障害のある部位は，熱さや痛みを感じないために火傷やけがをしても気づかず治りも悪いので，傷をつくらない配慮が大切です。膀胱・直腸障害では排尿・排便のコントロールが困難となるため，医学的な管理や一定時間ごとの排泄の習慣を身につけることが必要となります。

4）脊髄損傷　転落，転倒や交通事故，スポーツ中の外傷による脊髄の損傷が原因です。脊髄を損傷すると，二分脊椎症と同様に運動障害，感覚障害と膀胱・直腸障害が現われます。通常，脊髄を損傷した部位より下部に障害がみられ，損傷を受けた部位により，頸髄損傷は四肢と体幹に，胸髄・腰髄損傷では主に両下肢に障害が生じます。

5）進行性筋ジストロフィー症　筋の萎縮を原因とする筋力低下が進行します。体幹や臀部の筋から筋力低下が顕著になり，姿勢の崩れ，歩行困難，上肢作業の困難，呼吸筋や心筋の筋力低下の順に進行します。3〜5歳で筋力低下に気づくことが多く，徐々に歩行に困難がみられるようになり，10〜12歳頃に車いすを利用した生活になります。加齢とともに上肢の筋力低下も顕著になるため，移動には電動車いすの使用が必要となります。

6）先天性骨形成不全症　骨の形成と発育が悪いために骨がもろく骨折を起こしやすい先天性，遺伝性の疾患です。比較的低身長で，日常生活の中で何度も骨折と治癒を繰り

返すために，上肢や下肢は短く変形がみられることがあります。成長とともに骨折の頻度は減少する傾向があります。

(3) 肢体不自由児の心身の発達の特性

肢体不自由児の発達は，障害のない子どもと大きな違いはありません。ただし，不自由があることにより，心身両面に下記のような発達の遅れを示すことがあります。

1) 身体および運動発達の遅れ　筋緊張の亢進や関節可動域の制限は身体の発達の遅れや変形を生じさせる原因となります。先天的な不自由のある人は，遊びや運動が量および質ともに少ないために運動の誤学習や未学習による運動発達の遅れが生じます。

2) 体験不足による教科学習の遅れ　肢体不自由のために同年代の仲間との交流が制限されたり，日常生活での社会的な体験が不足すると，時間，量，長さなどの概念形成や学習レディネスの獲得が遅れ，教科学習の遅れにつながることがあります。

3) 消極的・依存的な態度　障害による不自由から苦手な物事に対して消極的・依存的になり，結果としてできないことへの劣等感をもったり，失敗への恐れから新しい経験や競争を避けるようになります。自分の意志を伝えたり決定する力にも影響を与えることがあります。

4) 興味や関心の乏しさ　生活範囲の限定，社会的経験の不足から，日常生活の中でさまざまな事象に興味関心を高める機会が少なく，趣味や生きがいを見出すことが苦手となります。

5) 社会性の発達の遅れ　前述のような心理面・精神面の発達の遅れに加え，人との関わりが家族，医師や看護師，学校の教員などに限られる傾向があること，不特定多数の仲間との遊びや集団での活動が限定されることにより，社会性の発達に遅れがみられることがあります。

(4) 介助するうえでの配慮

肢体不自由を有する児の介助は，身体に直接触れることが多いため十分な配慮を要します。介助される児と介助者の安全を最優先しなければならないとともに，心理的な面でもお互いを十分に理解したうえで接することが大切です。介助上の配慮点として，肢体不自由の特徴を把握することに加えて，介助される児に何をどのように介助してほしいかを確認すること，そして，できることは本人にまかせ本人の努力を見守ることも介助者の重要な役割です。そのほか，コミュニケーションを大切にしてお互いの気持ちを察しながら，気持ちの良い関係を築くこと，わからないことや無理なことはしないことが大切でしょう。

■ **推薦図書**

清水貞夫・藤本文朗（編集代表）　2005　キーワードブック障害児教育―特別支援教育時代の基礎知識　クリエイツかもがわ

筑波大学附属桐が丘特別支援学校（編）　2008　特別支援教育における肢体不自由教育の創造と展開1　肢体不自由のある子どもの教科指導Q&A　シアーズ教育新社

山田規畝子　2004　壊れた脳生存する知　講談社

2 知的障害児

1 知的障害の定義

　知的障害とは出生前もしくは出生後の発達期において，何らかの要因によって脳の成熟が影響を受け「考える」「判断する」「記憶する」などの知的機能に恒常的な低下が認められる状態をさし示す総称です。

　従来，これら知的に障害をもつ人々をさし示す際に，わが国においては精神薄弱(はくじゃく)という用語が，教育および社会福祉の領域において，ひろく使われてきた歴史的経緯があります。しかしながら，精神薄弱という用語は，知的に障害をもつ人々の知的能力のみならず，感情や感性までもが劣っているという印象を与えてしまう等の問題点が指摘され，1999（平成10）年4月からすべての法律や行政用語において「精神薄弱」が「知的障害」に改められました。

　知的障害については，わが国では教育や社会福祉の領域において，統一した定義は示されておらず，本稿では国際的にも広く使用されている，アメリカ精神遅滞学会（American Association on Mental Retardation；以下AAMRと記す）のマニュアル（第10版，2002）における定義を紹介します。このマニュアルによれば「知的障害は，知的機能および適応行動（概念的，社会的および実用的な適応スキルによって表わされる）の双方の明らかな制約によって特徴づけられる能力障害である。この能力障害は，18歳までに生じる」とされます。すなわち，知的障害とは，①知的機能の制約があり，加えて②適応行動に制約が認められ，これらが③18歳までの発達期に生じる，という3つの条件を満たす「状態」をさし示す用語であることが理解されます。そこで，つぎに上記の3つの条件について詳しくみていきましょう。

　まず「知的機能の制約がある」とは，具体的にどのような状態をさすのでしょうか。AAMR（2002）では，スタンフォード・ビネー知能検査やウェクスラー式知能検査（WIPPSI，WISC，WAIS）といった標準化され

表2-2-1　適応行動スキルの領域と代表的スキル（AAMR, 2002）

適応行動スキル領域	代表的なスキル
概念的	言語 読み書き 金銭の概念 自己管理
社会的	対人関係 責任 自尊心 騙(だま)されやすさ 無邪気さ 規則を守ること 道法 被害者となることを避ける
実用的	日常生活活動 日常生活に有用な活動 職業スキル 安全な環境の維持

た知能検査により測定された知能指数（Intelligence Quotient；以下 IQ と記す）が，平均から少なくともマイナス2標準偏差（おおむね IQ が 70 ～ 75）より低位である場合に，知的機能に制約があると判断します。つまり知能検査から得られた知能指数が，諸々の測定誤差を考慮しても，明らかに平均を下回るということです。次に「適応行動に制約がある」とは表 2-2-1 に示した適応行動スキルの3領域（概念的，社会的または実用的）の1つ，あるいは概念的，社会的または実用的スキルが総合的に低い状態をさしています。つまり，知的発達の遅れにより，実際に生活に困難が生じている状態をさします。最後に「18 歳までの発達期に生じる」とは，成人期以降の事故による脳損傷や認知症といった，発達期以降に生じた知能低下を引き起こす事象との鑑別を目的に設けられた基準です。

AAMR の定義（1992, 2002）では，知的機能の制約（知能低下）のみで一義的に知的障害を認定せず，知的機能に制約をもった人々が，生活という社会的な文脈において，実際に適応行動上の困難を経験するか否かに診断の根拠を求めている点が画期的なものと評価されています。

2 知的障害の原因

知的障害は出生前もしくは発達期における脳の成熟が何らかの理由により妨げられることにより発現します。以下，生理的要因と病理的要因に大別してその原因について述べていきます。

(1) 生理的要因

人間の身長や体重に個人差が認められるのと同様に，脳の成熟においても自然の個人差（偏倚）が想定されます。生理的要因とは，ペンローズ（Penrose, 1963）が指摘するものであり，後述する医学的要因や脳に病変が認められないにもかかわらず，実際に脳の成熟が低く滞っている状態です。

(2) 医学的要因

以下，池田（2007）を参考としつつ，代表的な知的障害を引き起こす疾患や事態を示しました。

1) 遺伝子の異常
①常染色体優性遺伝：結節硬化症（ブルヌビーユ・ラスソン症候群），神経線維腫病（レックリングハウゼン病），クルーゾン病，アペルト病など。
②常染色体劣性遺伝：先天性魚鱗癬（ショーグレン・ラルソン症候群），真性小頭症，コルネリア・ド・ランゲ症候群，ローレンス・ムーン・ビードル症候群，コケイン症候群，ピエール・ロバン症候群，先天性代謝異常症（フェニルケトン尿症，ホモシスチン尿症，ガルゴイニズム，黒内障性白痴，ニーマン・ピック病）など。
2) 配偶子の異常（おもに染色体異常）
①性染色体異常：ターナー症候群，クラインフェルター症候群，超女性症候群など。

②常染色体異常：ダウン症候群，Dトリソミー症候群，Eトリソミー症候群，猫泣き症候群など。

3）胎生期の異常　妊娠中の母体に有害な物質であるウィルスなどの感染症，放射線，薬剤，過度のアルコールやタバコがあげられる。具体的には，風疹症候群，先天性梅毒，先天性トキソプラズマ症，胎児性アルコール症候群などがある。

4）周生（周産）期の異常　仮死出産による脳の酸素不足，出産時の頭部外傷，未熟児出産による呼吸障害，血液型不適合による核黄疸など。

5）乳幼児期の異常　細菌感染による脳膜炎，麻疹・水痘後脳炎，結核性脳膜炎，一酸化炭素中毒，頭部外傷など。

以上，知的障害の原因についてみてきましたが，知的障害特別支援学校に在籍する児童生徒の知的障害の原因は不明なものが多く，明確な医学的原因が特定できる児の方が少数であると思われます。

3　分　類

従来，知的障害については，国際疾病分類第9版臨床修正版（ICD-9-CM, 1988）などにおいて，もっぱら知的能力（知能指数：IQ）に基づき「軽度」「中度」「重度」「最重度」という分類がなされてきました。これに対して，先に述べたAAMR（1992, 2002）のマニュアルでは，サポートレベル（支援レベル）に着目した新たな分類が採用されています。すなわちAAMRの分類では，知的障害児者が生活を送るうえで必要とするサポートレベルの強度に応じて，知的障害を4つに分類しています（表2-2-2）。必要とするサポートレベルにより分類を試みた点で，先述した従来の個人の属性としての知的能力に依拠した分類とは，大きな違いがあります。つまり新たな分類では，従来の知能指数のみに依拠した視点から，サポートを含む社会資源との相対的な関係において知的障害児者の発揮しうる能力（機能）をとらえるという視点の転換がなされています。

表 2-2-2　支援レベルの強度による分類（AAMR, 2002）

支援の強度	支援の内容
断続的	必要な時だけの支援。何らかの出来事が生じた時に対応するもので，たとえば急に病気になったときに短い期間だけ支援が必要な場合をいう。
限定的	期間限定ではあるが，継続的な性格の支援。たとえば雇用のための一定期間の訓練に関する支援をいう。
広範囲	少なくともある環境においては定期的に必要な支援。たとえば長期間にわたる家庭生活の支援などをいう。
広汎	いろいろな環境で長期的にしかも強力に行う必要性のある支援。生命維持的な性質で，多くのスタッフによる強力な支援をいう。

4　心理・発達の特性

前述したように知的障害とは，さまざまな原因により知的機能と適応行動に制約をとも

なう状態です。そのため、障害像も多様であるといえます。つまり知的障害児の心理・発達の特性について、その一般化された傾向を述べることは難しいことです。そこで、以下、比較的共通して認められる特性について述べることとします。

(1) ことばの発達の遅れ

知的障害のある子どもの多くでは、理解と表出の両面においてことばの発達に遅れがみられます。「1歳を過ぎてもことばが出ない」といった、ことばの発達の遅れによって知的障害が発見されることも珍しいことではありません。このほか知的障害児のことばの特徴としては、ことばの語尾だけを残す省略や代名詞の頻用等があげられます。具体的には「ごはん」を「はん」と省略することや、「これ」「あれ」などの代名詞を使って「車」「犬」などの固有名詞が出てこないケースがみられます。また脳性麻痺などを重複する場合には、構音障害が認められることもあります（42ページ参照）。

(2) 運動発達の遅れ

知的障害のある児では、知的機能のみならず、運動発達にも遅れが認められることがあります。具体的には首すわり、寝返り、坐位、歩行等の粗大運動の獲得時期に遅れがみられることがあります。このほか知的障害にともなう運動発達の遅れの一例として、体の筋が柔らかく、バランスがとれないため、片足立ちができない低筋緊張とよばれるものがあります。また、手先（微細運動）が器用でない児童生徒も多く、ボタンをはめることやひもを結ぶことが苦手な児も多く見受けられます。

(3) 抽象的な概念理解の困難

知的な面での脆弱さからことばの理解と同様に、抽象的な概念の理解にも困難が認められることがあります。知的障害のある人は、自分の目の前にあるものの理解はできるものの、目に見えないものや、抽象的な概念を理解することが難しいことがあります。特に時間や数量の概念がわかりづらく、数字と目の前にあるものの関係の理解に困難を示すこともあります。

(4) 固執性

知的障害児のうち、ダウン症候群や自閉症をともなう児に認められる心理的特性の1つとして、何かに固執する（拘る）ことがあります。自分の思い描くスケジュールや自分の中でルールをつくり、そのとおりことが運ばないと気がすまないといった傾向があります。

5 基本的な対応

(1) 人権を尊重する姿勢

知的障害に限らず、障害があることは個人の属性であり、障害のあるなしにかかわらず一人ひとりが人間として尊重されなければなりません。特に知的障害のある人たちには、

ことばの発達の遅れから，自らの意思表示が困難で，相手に対する言動に意見や疑問を表わせない児もいます。年齢，性別を含め本人の立場や気持ちに配慮して，人権尊重の精神をもって接することが大切です。

(2) コミュニケーションにおける配慮

　コミュニケーションをとる際にはわかりやすいように平易な表現をすることに加えて，なるべく絵や写真，実物を前にして，理解しやすいように工夫することが大切です。視線や表情，動作，身振り手振りを使って，経験の一つ一つをことばにして，理解できるようにするとよいでしょう。また自分の気持ちを伝えられない知的障害のある人も多いので，彼らの発する繊細なサインを見逃さないように接してください。彼らの本当の思いを把握し，気持ちの充足につながるよう，ことばを足すことや話の整理をするとよいでしょう。そのような本人の意図や考えを汲み取ってあげることの積み重ね，それが信頼関係の構築となっていきます。また元気に明るく楽しく，共に生きる者として接することが何よりも大切です。

■ 推薦図書
石部元雄・上田征三・高橋　実・柳本雄次　2007　よくわかる障害児教育　ミネルヴァ書房
有馬正高　2007　知的障害のことがよくわかる本　講談社

Column 知的障害をもつ人々の主張に耳を傾けよう

　私たちは社会の一員として生活をしており，社会のあり方に対してさまざまな要望をもっています。このことは知的障害をもつ人々においても同様です。では，知的障害をもつ人々は，社会に対してどのような要望をもっているのでしょうか。皆さんは彼らの希望を考えたことがあるでしょうか。また，私たちは知的障害者の声に十分耳を傾けながら，福祉施策を立案してきたでしょうか。従来，知的障害をもつ人々は「理解力が弱く，大切な判断ができない」と見なされ，自分たちに関係する福祉施策の立案の場面においても，多くの場合，議論への実質的な参加が認められず，当事者不在で大切な意志決定がなされてきました。しかしながら，近年では，国連・障害者の権利条約（2007）の採択などを受けて，障害者施策に関連した意志決定場面において，障害当事者（本人）の参加が不可欠であることが指摘されています。

　以下，知的障害者とその家族を構成員とする「全日本手をつなぐ育成会」の富山大会で知的障害の人々により話し合われた本人決議を紹介します。共に生きる仲間として，彼らが私たちの社会に求めている声に耳を傾けてみましょう。

富山大会本人大会では，次のようなことが話し合われました。

1. 私たちに関することは，私たちを交えて決めてほしい。行政，育成会，地域，家族に自分たちのことをはっきり言おう。
2. 自立支援法は，1割負担など問題があります。よりよい制度にするために厚生労働大臣と直接話したい。
3. 私たちは自立支援法の勉強会をひらきます。行政や支援者は本人にきちんと，わかりやすく説明してください。
4. 療育手帳，成年後見制度，障害基礎年金などたくさんの制度があります。本人たちで勉強会を行い，制度や知識を学んでいこう。
5. 全国の仲間と交流して，各地に本人活動を広げたい。そのために連絡協議会を作ろう。
6. 親子，きょうだい，会社の人など人間関係を相談できる窓口がほしい。
7. 相談支援センターなど，本人の味方になってくれる相談窓口をふやしてください。そして，生活・住宅・仕事など地域でくらしていくための情報を私たちに流してほしい。
8. 私たちも恋愛・結婚がしたい。好きな人がいたら，本人にまかせてほしい。
9. 私たちは地域で暮らしたい。そのために地域の中にくらせる場所，働く場所を作ってほしい。
10. 私たちは出かけたい。そのために交通機関を使いやすくしてほしい。
11. 今の年金では暮らせない。年金は暮らせるお金にしてください。
12. 学校を卒業しても，私たちは学びたい。そのために勉強の方法や余暇活動を一緒に考えてください。

富山から全国のみんなの希望を，発信します。

2007年11月11日

第56回全日本手をつなぐ育成会全国大会・富山大会
本人大会参加者一同

（全日本手をつなぐ育成会のホームページより：日本発達障害福祉連盟，2008）

〔齋藤友介〕

3 発達障害児

1 発達障害の定義

　近年，わが国の教育や福祉の現場において「発達障害」（もしくは「軽度発達障害」）という用語をよく耳にするようになりました。しかしながら，わが国では発達障害という用語は使用されてから日が浅く，専門家の立場によってさまざまな意味あいで用いられることがあるために，その理解と使用には注意が必要です。

　もともと発達障害という用語は，1960年代に米国において登場して以来，知的障害をその中核としつつも，その範疇については紆余曲折を経て今日に至っています。しかしながら，現在，米国のみならず世界的に使用されている精神科診断マニュアル（DSM-IV, 1994）においては，「通常，幼児期，小児期または青年期に初めて診断される障害」という大カテゴリーは存在するものの，わが国の発達障害者支援法に含まれる，諸種の障害を包括する「発達障害」（もしくは「軽度発達障害」）という名称の大カテゴリーは存在しません。なおDSM-IVにおける「広汎性発達障害」は自閉症スペクトラムを統括するカテゴリーであり，わが国における発達障害とは異なる範疇のカテゴリーです。

　以下，本書では2005（平成16）年4月に成立をみた発達障害者支援法に従い，発達障害を「自閉症，アスペルガー症候群その他の広汎性発達障害，学習障害，注意欠陥多動性障害その他これに類する脳機能の障害であってその症状が通常低年齢において発現するものとして政令で定めるもの」とします。なお，2007（平成19）年3月に文部科学省は，軽度発達障害という用語について，曖昧さを理由にその使用を原則的に避け，今後，発達障害という用語に一本化することを通知しています。

　ところで，もし発達障害（もしくは軽度発達障害）という，独立した1つの障害群を仮定するのであれば，そこに通底する心的特性が存在しなければなりません。しかしながら，滝川（2004）も指摘するように，こうした発達障害に関する本質的な検討が十分になされないまま，発達障害という用語が多義的に使われているのがわが国の現状なのです。

2 疫学と原因

　わが国では発達障害に関する全国的な疫学データ（発現率）は存在しません。そこで，ここでは文部科学省が2002（平成14）年に実施した「通常の学級に在籍する特別な教育的

支援を必要とする児童生徒に関する全国実態調査」の結果を参考までに紹介します。この調査によれば，知的な発達に遅れは認めないものの，学習面や行動面で著しい困難を示す児童生徒の割合は6.3％に及ぶとされています。なお，このアンケート調査において児童生徒の評価を行ったのは，小児精神科医や心理学の専門家ではなく，教員（学級担任）によるものであり，上記の数字の解釈には注意が必要です。

発達障害者支援法であげられている，自閉症，アスペルガー症候群，学習障害，注意欠陥／多動性障害などの原因は，いまだ十分に解明されておらず，中枢神経系（脳）の機能不全によると推定されているにとどまります。

3 分類と心理的特性

つぎに小・中学校などの教育機関での利用を念頭に，文部科学省が2004（平成16）年に発表した「小・中学校におけるLD（学習障害），ADHD（注意欠陥／多動性障害），高機能自閉症の児童生徒への教育支援体制の整備のためのガイドライン（試案）」等を参考としつつ，各障害の定義について述べていきます。

なお，上記ガイドラインに示された定義は，DSM-IV（米国精神医学会，1994）および全米学習障害合同委員会（1990, 1994）などの諸外国の定義を踏まえ，これまでにわが国の文部科学省の調査研究協力者会議（1995, 1999）などにおいて作成されたものです。

(1) 学習障害（LD：Learning Disabilities）

学習障害とは，基本的には全般的な知的発達に遅れはないが，「聞く」「話す」「読む」「書く」「計算する」または「推論する」能力のうち，特定のものの習得と使用に著しい困難を示すさまざまな状態を示すものです。

学習障害は，その原因として，中枢神経系に何らかの機能障害があると推定されていますが，視覚障害，聴覚障害，知的障害，情緒障害などの障害や，環境的な要因が直接的な原因となるものではありません。

なお先述したDSM-IVでは読字障害，算数障害，書字表出障害のみを学習障害（Learning Disorders）として扱っているので，注意が必要です。

(2) 注意欠陥／多動性障害（AD/HD：Attention Deficit / Hyperactivity Disorder）

注意欠陥／多動性障害とは，年齢あるいは発達（知的発達）に不釣り合いな注意力，および／または衝動性，多動性を特徴とする行動の障害で，社会的な活動や学業の機能に支障をきたすものです。また，7歳以前に現われ，その状態が継続し，中枢神経系に何らかの要因による機能不全があると推定されています。

(3) 自閉症

自閉症とは，生後3歳までに現われ，①他人との社会的関係の形成の困難さ，②言葉（コ

ミュニケーション）の発達の遅れ，③興味や関心が狭く特定のものにこだわることを特徴とする行動の障害であり，中枢神経系に何らかの要因による機能不全があると推定されています。また自閉症では，そのおよそ4分の3において知的障害をともないます。

(4) 高機能自閉症

高機能自閉症とは，生後3歳までに現われ，①「他人との社会的関係の形成の困難さ」，②「言葉（コミュニケーション）の発達の遅れ」，③「興味や関心が狭く特定のものにこだわること」を特徴とする行動の障害である自閉症のうち，知的発達の遅れをともなわないものです。また，中枢神経系に何らかの要因による機能不全があると推定されます。なお，DSM-IVには高機能自閉症という分類は存在しません。

(5) アスペルガー症候群

アスペルガー症候群とは，上記の高機能自閉症の条件を満たしつつも，②「言葉の発達の遅れ」をともなわないものです。

図2-3-1に自閉症と高機能自閉症，アスペルガー症候群の関係を整理しました。

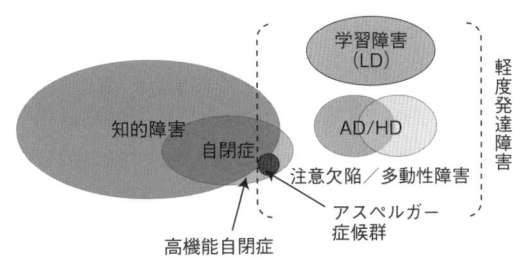

図2-3-1 発達障害の臨床イメージ

4 発達障害児との関係づくりのために

発達障害に関する知識を「教室における特異な子どもの排除に向けたラベリング」に使うのではなく，彼らとの間に関係性を形成し，コミュニケーションを図るために用いるには，図2-3-2に示した滝川によるスキームが役立つでしょう。

滝川（2004）は発達障害に通底する心的特性として精神発達の遅れをあげています。そして，この精神発達の遅れには，一般に考えられている発達期における知的機能の低下（「認識の遅れ」）に加えて，対人関係の形成や維持に関わる「関係の遅れ」が含まれるとされます。そしてこの両者の遅れのバランスにより，さまざまな発達障害児の状態像を定型（正常）発達児と連続的に了解可能であるとしています。発達障害児と接するに際して，ともすれば彼らの一見特異な行動（例：「苦手科目と得意科目の差が顕著」「落ち着きがない」「話題を共有しあうことが苦手」「興味の幅が狭くこだわりが強い」等）に目を奪われがちです。しかしながら，彼らとの関係づくりのためには，私たちが子どもをとらえる枠組みをリセットし，彼らの心の目線（視点）に身を置きつつ，私たちの世界をもう一度とらえ直し，共感してみる姿勢が求められるでしょう。今一度，先にあげた「発達障害児に特徴的」とされる行動上の傾向を，私たち自身がもっていないと断言できるか，じっくりと考えてみる必要があるでしょう。

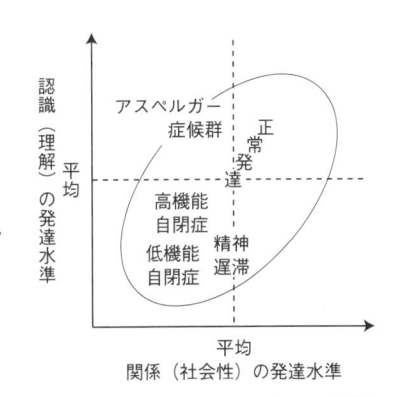

図2-3-2 正常発達と発達障害の連続性
（滝川, 2004）

5 現代社会と発達障害

　最後に，これらの子どもたちが近年になり急増したという疫学データは存在しないにもかかわらず，なぜ，近年になり発達障害児が教育現場において急速にクローズアップされてきたのか，今一度考えてみましょう。

　ひとつには，従来，教育の場では見過ごされてきた，こうした子どもたちの存在と固有の教育的ニーズへの理解，加えて個別教育計画（IEP）を求める保護者（親の会）や専門家の運動があったことがあげられます。そして，このような運動により，2005年に発達障害者支援法が成立し，2007年度からの特別支援教育の対象に，これら発達障害児が新たに加えられたと理解されるところです。

　他方，発達障害児がクローズアップされる現代の社会的な文脈として，教師の過酷な労働の実態があります。日本教職員組合が2008年に行った教師の労働に関する各国の比較調査によれば，1日当たりの労働時間はイングランドが8時間30分，スコットランドが7時間36分，フィンランドは6時間16分ですが，日本では11時間6分となっており，現代の日本の教師における過酷な労働条件があらためて理解されるところです。加えて近年では保護者の学校に求める要望が増大かつ多様化するなかで，小・中学校の教員が「手のかかる」児童と向き合うゆとりを時間的にも精神的にも失いつつあることが思量されるところです。

　さらに，教育現場における発達障害児の「顕在化」それ自体が，インクルージョンや子どもの個性を伸ばす教育というかけ声とは裏腹に，われわれの生きる現代社会そのものが，個々の子どもの行動や学習上の僅かな差異までをも過剰に問題視し，多様な個性をもつ子どもたちを包み込む寛容さを急速に失いつつあることのサインであるとの指摘もあります（高岡，2007）。

■ 推薦図書
浜田寿美男　2009　障害と子どもたちの生きるかたち　岩波書店
村瀬　学　2006　自閉症　筑摩書房
高岡　健　2007　やさしい発達障害論　批評社

Column 自閉症児が「生きること」をどうとらえるか？

　発達障害のなかでも自閉症の理解はきわめて重要です。自閉症児を理解するにあたっては，ともすれば心理的特性やマニュアル化された指導法の学習にとどまりがちです。しかしながら自閉症児と接する際には「自閉症児が今ここに生きることの意味をどうとらえるのか」という実存的な問いをつねにもち続けることが大切です。このことを抜きにして，自閉症児が日々の生活のなかで経験する「生きにくさ」をあるがままに共感することはできません。私たちは往々にして自閉症を含む発達障害児に対して「訓練により『異常行動』を改善させる」という，医学モデルの視点に立ってしまいがちです。このような私たちが無意識にもつ「障害を治す」という強迫的な視座から私たち自身を解き放つために，発達心理学者である浜田寿美男（1995）による示唆に富む提起があるので以下に紹介します。

　　ところで，もう十年ほどまえのことですが，ある「自閉症児」のお母さんから「自閉症が治ってもらっては困る」という言葉を聞いて驚いたことがあります。そのお母さんがどういうつもりでそんなことを言ったのか，その子を普通学級に通わせながら大変な苦労をされていることをよく知っていただけに，最初，私にはよくわかりませんでした。しかし，私にも，いまはその気持ちが少しはわかります。もし風邪が治るように障害が「治る」のなら，治ったほうがいいに決まっています。しかし，そうでない現実のなかで「治る」というまやかしの宣伝に乗せられて，その一事に期待をかけるとすれば，治っていないでしんどい思いをしている目の前の我が子を，そのあるがままの姿で受け入れることができないではないか。私がともに生きていくのはこの子であって，治ったさきのイメージで思い描く，現実のものならぬ子どもではない。このお母さんが言いたかったことは，こういうことだったのです。

　浜田は自閉症児を育てる母親の発した「自閉症が治ってもらっては困る」という言説から，自閉症児を愛するわが子として，ありのままに受け止める母親の「共に生きることの論理」を読み解いています。

〔齋藤友介〕

4 精神障害者

1 はじめに

　精神障害が知的障害や身体障害と同じように「障害」であるとみなされ社会福祉の対象としてとらえられたのはそれほど昔のことではありません。それまでの精神医療は，精神疾患の患者を収容型の病院に隔離するものが中心でした。日本で精神障害が医療の対象であることが法的に位置づけられたのは第二次世界大戦後のことです。図2-4-1は，日本および諸外国の人口1,000人対精神病床数の年次推移を示したものです。欧米諸国が1960年代から病床数を減少させていったのに対して，日本は1960年代から精神科病床数が急激に増加し，現在でも横ばいで減少しているとはいいがたい状況にあることがわかります。これは，日本は諸外国より格段に多くの精神障害者を精神病院に入院させているということなのです。医学的には退院可能な状態であっても退院しても帰る家がないなどの理由か

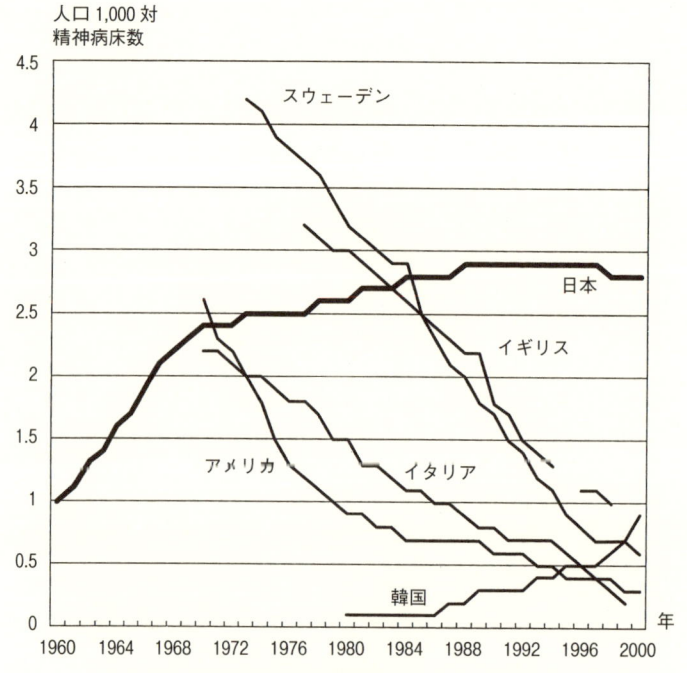

図2-4-1　人口1,000対精神病床数の国際比較（精神保健白書2008年版）
資料：OECD Helath Data 2002 をもとに作成。

ら入院していることを「社会的入院」といいますが，わが国には「社会的入院」をしている精神障害者が少なく見積もっても7万人以上いるといわれています。

2　精神障害の定義

　精神保健及び精神障害者福祉に関する法律（以下，精神保健福祉法）の第5条では〈この法律で「精神障害者」とは，統合失調症，精神作用物質による急性中毒又はその依存症，知的障害，精神病質その他の精神疾患を有する者〉と定義されています。ただし，この法律の定義は医学的な定義であり，「知的障害」は知的障害者福祉法ですでにカバーされています。

　さらに，精神保健福祉法の第45条では「精神障害者保健福祉手帳」が定められています。手帳には障害の程度により，重い順に1級・2級・3級があり，手帳の等級によって受けられる福祉サービスが違います。等級の内容は，1級：日常生活の用を弁ずることの不能のもの（家事や身辺の清潔保持も自発的には行えず常時援助が必要），2級：日常生活に著しい制限（通院など習慣化された外出はでき，作業所などに参加できるが，家事や金銭管理などときに助言や援助を必要とする），3級：日常生活や社会生活に制限（ひとりで外出できるが過大なストレスへの対処が困難である人，作業所や配慮ある一般事業所で雇用されている人を含む）とされています。障害基礎年金・障害者厚生年金の1，2，3級受給者はそれぞれ手帳1，2，3級の交付を受けることができますが，その逆は認められていません。

3　わが国の精神障害者の動向

　精神障害者の実態を把握することは困難ですが，わが国の精神障害者保健福祉手帳の交付を受けた精神障害者の人数は，平成19（2007）年3月31日現在558,475人となっています（図2-4-2）。手帳保持者の年次推移をみると，年々増加傾向にあることがわかります（図2-4-3）。しかし，精神保健手帳は他の障害者手帳に比べると使えるサービスが少ないため，十分に普及していないとの指摘もあります。

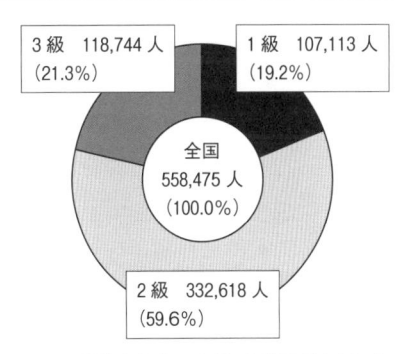

図2-4-2　**精神障害者の人数（手帳所持者）と障害程度の状況**（厚生労働省，2007）

全国　558,475人（100.0%）
1級　107,113人（19.2%）
2級　332,618人（59.6%）
3級　118,744人（21.3%）

4　精神障害の診断と分類

(1) 診断

　1970年代から精神医学的診断法の国際的統一と標準化が進められ，世界保健機関（WHO）のICD-10（International Classification of Disease；2003）とアメリカ精神医学会（APA）のDSM-IV（Diagnostic and Statistical Manual of Mental Disorders；1994）が普及して

(人)

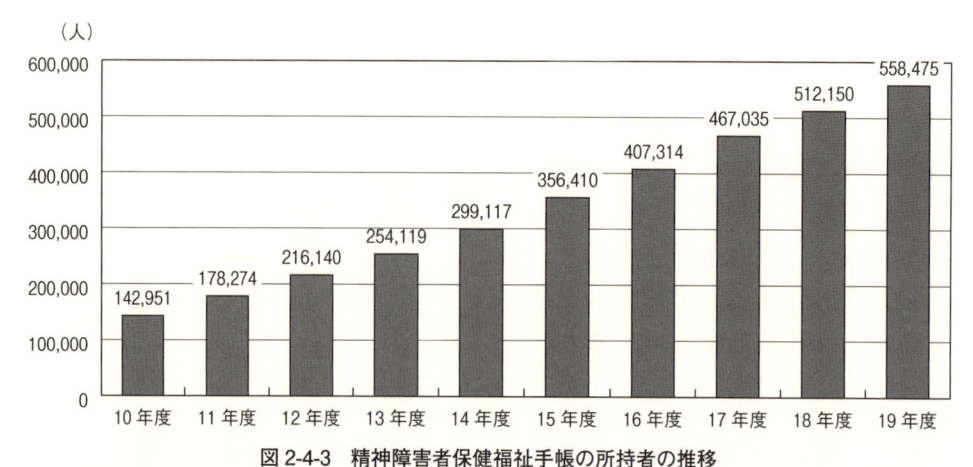

年度	人数
10年度	142,951
11年度	178,274
12年度	216,140
13年度	254,119
14年度	299,117
15年度	356,410
16年度	407,314
17年度	467,035
18年度	512,150
19年度	558,475

図2-4-3　精神障害者保健福祉手帳の所持者の推移
（保健衛生行政業務報告書（平成12, 15, 16, 19年度版　厚生労働省）より作図）

表2-4-1　DSM-Ⅳの5つの軸

第1軸	精神疾患，その他臨床的関与の対象となる状態
第2軸	人格障害，精神遅滞
第3軸	身体疾患
第4軸	心理社会的および環境的問題
第5軸	機能の全体的評価

います。とくにDSM-Ⅳでは5つの軸から多次元的に診断するという方法がとられています（表2-4-1）。この多軸診断は患者の精神障害のみならず，併発している身体疾患，患者の置かれている環境から生活能力までを診断の対象とするもので，単に医療にとどまらず，地域生活の支援の場面でも有用な方法とされています。たとえば，中高年の精神障害者に肝疾患や糖尿病を合併している場合はめずらしくありません。また，精神障害では多くの場合，疾患とともに，日常生活能力，職業能力の減退をともなうため，医療とともに福祉を必要としています。このような理由から，多軸診断システムは，実際の精神障害者の地域生活支援の多様なニーズにこたえるものとなっています。

(2) 病因による分類

　精神疾患の古典的な分類方法として，その原因により，外因性精神病，心因性精神病，内因性精神病と分類する方法があります。

　外因性精神病は，脳や身体の異常が原因で心の病になることです。その中には，脳の疾患や事故による頭部の外傷が原因による器質性精神病，アルコールや覚せい剤，睡眠薬などの薬物の影響から発病する中毒性精神病が含まれます。

　心因性精神病は，脳の変化よりも心理的・社会的なストレスが主な原因で発症したと考えられる心の病です。極度の不安や恐怖，心理的な葛藤などのストレスは，神経にかなりの負担がかかるため，ストレスへの適応力の弱い若年者や高齢者，知的障害者は，一般の人よりも心の健康問題をもちやすいといわれています。

　内因性精神障害では，身体や脳に大きな異常もなく，外傷もなく，さまざまなストレスとの因果関係もみられません。統合失調症，気分障害がこれにあたります。医学的な原因は不明ですが，その病気へのかかりやすさ（素因）に，ストレスとなる生活上の出来事などの環境上の条件（誘因）が作用して発病すると考えられています。

5 主な精神疾患

(1) 統合失調症

　統合失調症は気分障害とともに2大精神病のひとつであり、精神疾患のなかでも偏見などのため最も理解されていない病気です。長年、統合失調症は幼児期の歪んだ家族関係や劣悪な家庭環境が原因で発病すると考えられ、患者の家族が責められてきた不幸な歴史があります。しかし、近年、身体や脳の内部の断層を撮影するMRI（核磁気共鳴映像装置）をはじめとする脳の診断技術の進歩により、脳の病気としての認識が広まっています。

　この病気は、周囲との関わりが薄れて自閉的になり、意欲や感情が不安定になったり、現実にはない物や人を見たり（幻視）、声を聞いたりする（幻聴）などの知覚の異常が現われたり、他人や電波に自分が支配されているといった妄想をもつなどの症状があります。発症の時期は思春期から30歳ごろまでと幅があり、症状の現われ方や重症度も多様です。

　以前は、「不治の病」と考えられていたこの病気も、治療法の進歩とリハビリテーションの進展によって、回復率は著しく向上しています。治療は、薬物療法、精神療法、生活療法（生活面の指導、援助）を組み合わせて行います。

(2) 気分障害

　表情は暗く、無気力な感じで、本人も憂うつ感や困惑した状態を自覚しています。考えが頭に浮かばず、自分の能力を過小にしか評価できなくなります。夜眠れず、強い疲労感があり、食欲が減退します。これが続くと、「自分は生きていても役に立たない」「死にたい」という自殺観念にとらわれ、実際に自殺を企てたりします。精神的活動性も低下し、ひどくなると抑うつ的混迷状態といわれる状態になります。

　うつ病には、憂うつ感や妄想などの精神症状が目立たずに、疲れやすい、頭が重い、食欲がないなどの身体症状が前面に出る「仮面うつ病」があります。

　うつ病の特徴は、日内変動がみられることで、朝は気分がすぐれず、昼過ぎから夕方になると気分が少し晴れてきます。うつ病では周囲の目を引くような派手な行動がないためしばしば発見が遅れることがあります。

(3) 依存症

　1) アルコール依存症　欧米諸国では、国民一人あたりのアルコール消費量は減少傾向にあるのに対し、わが国では、近年、その伸びが鈍化したものの減少する傾向はみられません。特に女性の飲酒割合が増加しています。女性は男性に比べて短期間でアルコール依存症になるといわれており、注意が必要です。

　アルコールには長期間にわたって連用していると効果が減弱していき、同じ効果を得るための必要量が増えていく耐性という特性があります。そのため摂取量が増えると肝臓、心臓、脾臓、脳など、身体と精神に障害を及ぼします。

　また、耐性とともに依存が起こります。依存とは、たとえ有害であるとわかっていても

身体的もしくは精神的に止めることができなくなっている状態をさします。前者を身体依存といい，アルコールを飲まないと生理的平衡を保つことができない状態をいいます。後者を精神的依存といい，アルコールを飲みたいという強い欲求や強迫感があり，それを抑えることや飲酒行動を自己コントロールできない状態をいいます。依存症の人は，アルコールが切れると禁断症状が現われます。身体的な症状では手が小刻みに震えるなどがあり，精神的症状では不安感，抑うつ，睡眠障害などがあります。これらの症状は，アルコールを摂取することで軽減するので，悪循環になり，症状がさらに進むことになります。

アルコール依存症には特効薬はなく，本人が自発的に治そうとしなければ回復はありません。この意欲を高めるために，同病者が集まって行う集団療法は有効な治療法です。

2）薬物依存症　日本には，現在二百数十万人の薬物乱用者がいるといわれています。また，年間約3万人の薬物事犯の検挙者がいます。薬物の乱用はいまや会社員・大学生などの一般市民や小・中学生などの低年齢層にまで広がっています。

住民5,000人に対する「薬物使用に関する全国住民調査」によると，わが国で最も多く乱用されている薬物は，乱用経験者の多い順に，有機溶剤，大麻，覚せい剤となっています。日本で乱用される薬物の割合を年代順にみると，大麻乱用が増加傾向にあります。今後，経験者が最も多い薬物が大麻になる可能性が高いとの推定もあります。

乱用の繰り返しは薬物依存をつくります。いったん薬物依存に陥ると，乱用を止めることは並大抵ではありません。慢性中毒から精神障害を起こす人も少なくありません。妄想幻覚状態は医療的に対応できますが，精神症状を治療したからといって，薬物依存が治るわけではありません。薬物依存を断ち切るための特効薬は残念ながらありません。薬物依存からの回復や自立のプロセスでは，各自が大変な苦しみや不安と戦っていかなければなりません。その苦しみや不安を同じ悩みを抱える仲間と，ともに分かちあうことは大きな支えになります。再発防止や回復，自立にむけた適切なプログラムの開発や，早期の介入および長期のフォローアップが重要です。今後，依存に対応する専門精神医療システムの確立がわが国の緊急の課題といえます。

6　精神障害者の特性

精神障害者とはじめて接する人の多くは，「精神障害者は怖い」というイメージをもっています。しかし，彼らとの出会いを通して気さくで，やさしい人が多いことがわかります。そして，実際に精神障害のある人と接してみると，ほとんどの人は，普通に会話をしたり，音楽を楽しんだり，スポーツをしたりして，普通の生活をしているので，あなたのこれまでの精神障害者に対するイメージはさらに大きく変わるでしょう。人によっては，ごく一部のことに関してこだわりがあったり，感じ方や判断の仕方などがおかしい場合もありますが，それはいつもではありませんし，そのほかの大部分は私たちと同じです。ですから，みなさんも，ふつうの人に接するように接すればよいのです。

7 コミュニケーションの基本

　非常にまじめで，おとなしく，嘘がつけない，融通(ゆうずう)が利かない，頼まれると断れない，喧嘩をしない，というような性格傾向の人がこの病気になりやすいといわれています。中沢（2006）は，精神障害者への接し方の基本のなかで非常に大切なこととして，「約束を破らない，いいかげんな返事はしない」ことをあげています。そして，相手が自分との約束を守るかどうかで，相手を評価しようとすることをその理由としてあげています。それゆえに，約束が守れない場合には，きちんと「無理だからやめにしたい」と正直にいうことが大切であるとアドバイスしています。

　つまり「常識的に対応する」ということです。精神障害のある人の感じたことに真剣に耳を傾けることが大切です。そして，自分のことも話し，自分の意見をはっきり相手に伝え，無理なことを言われたら断るなど，あたりまえに対応をすることが大切です。

■ 推薦図書
向谷地生良　2006　「べてるの家」から吹く風　いのちのことば社
中沢正夫　2006　精神保健と福祉のための50か条　萌文社
精神保健福祉白書編集委員会　2008　精神保健福祉白書2009年版　地域移行・地域生活支援はどう進むのか　中央法規出版

Column　昇る人生から降りる人生へ—「べてるの家」—

　浦河町は，北海道の東南にある日高昆布が特産の海辺の小さな町で，札幌から鉄道を乗り継いで約4時間もかかります。その浦河町に「べてるの家」があります。毎年6月に開かれる「べてるまつり」に，3日間で約1,200人が国内外から集まります。そんな不便な場所に全国から人を集める「べてるの家」とは，どのような施設なのでしょうか。
　「べてるの家」は1978年に有志メンバー数名が浦河教会の旧会堂を拠点として活動をはじめた精神障害者の地域活動拠点です。現在では，生活共同体，働く場としての共同体，ケアの共同体という3つの側面から，100人以上の地域で暮らす精神障害者の生活を支えています。「べてるの家」の魅力はその活動理念から知ることができます。ホームページには「勝手に治すな自分の病気」「そのまんまがいいみたい」「べてるに来れば病気が出る」「三度の飯よりミーティング」「安心してサボれる職場づくり」「自分でつけよう自分の病気」「手を動かすより口を動かせ」「偏見差別大歓迎」「幻聴から幻聴さんへ」など当事者目線から生み出された数々の理念が紹介されています。これらの理念の根底にはこれまでの「克服すべきもの，隠すべきものとしての病・障害」という障害のとらえ方ではなく，病や障害を「克服したり治さなくていいもの，表現すると共感してもらえるもの」として障害を否定的なものとしてとらえず，障害の新しい価値を見出そうとする新しい障害観があります。

〔坂野純子〕

5 援護を要する高齢者

1 援護を要する高齢者の定義

　一般に，高齢者とは65歳以上の者をいいます。なお，一口に高齢者といっても幅が広いため，65歳～74歳を前期高齢者，75～89歳を後期高齢者，90歳以上を超高齢者と区分することがあります。

　また，要援護（要支援・要介護）高齢者とは，加齢にともなう心身の変化に起因する疾病や障害などにより，他者からの支援や介護がなければ，食事や排泄，入浴などを行うことが困難である高齢者をいいます。介護保険制度においては，65歳以上の者（第1号被保険者）のうち，介護認定審査会において要支援・要介護認定を受けた者をさします。なお，介護保険制度では，40歳以上65歳未満の医療保健加入者（第2号被保険者）であっても，政令で定められた16の特定疾病（表2-5-1）により，支援または介護が必要な状態になった者は要支援・要介護認定を受けることができ，介護保険サービスを利用することができます。

表2-5-1　介護保険法で定める特定疾病（厚生統計協会, 2008）
平成18年4月～

①末期がん（医師が，一般に認められている医学的知見に基づき回復の見込みがない状態に至ったと判断したもの）
②筋萎縮性側索硬化症
③後縦靱帯骨化症
④骨折を伴う骨粗しょう症
⑤多系統萎縮症
⑥初老期における認知症
⑦脊髄小脳変性症
⑧脊柱管狭窄症
⑨早老症
⑩糖尿病性神経障害，糖尿病性腎症および糖尿病性網膜症
⑪脳血管疾患（外傷性を除く）
⑫進行性核上性麻痺，大脳皮質基底核変性症およびパーキンソン病
⑬閉塞性動脈硬化症
⑭関節リウマチ
⑮慢性閉塞性肺疾患
⑯両側の膝関節または股関節に著しい変形を伴う変形性関節症

2 加齢と老化

「年をとると誰もが寝たきりや認知症になる」や「年をとると頑固になる」など，以前より，多くの日本人がアメリカ人やオーストラリア人よりも，「老い」について誤った否定的なイメージ（高齢者観）を抱いていることが知られています（Palmore, 1985）。こうした誤った高齢者観による，誤った対応や年齢差別（エイジズム）に陥らないためにも，高齢者にみられる心身の変化や疾病について，正しく理解しておく必要があります。

高齢者の心身の変化を理解するうえで，加齢と老化の区別を理解することが重要です。加齢とは文字どおり，齢を重ねることです。一方，老化とは，ストレーラー（Strehler, 1962）によれば，次の4つの条件，すなわち，①身体の機能を衰退させる変化であること（有害性），②衰退が徐々に強まっていくこと（進行性），③環境要因によるものではないこと（内因性），④ひとつの種のすべての成員が加齢とともに同様の衰退を示すこと（普遍性），を満たす現象をいいます。ただし，老化は個人差が大きい現象であるため，年をとったからといって，誰もが心身の機能低下を示すわけではありません。実際，年をとっても，心身機能を良好に保ち，人生に対して積極的に関与している状態，すなわちサクセスフル・エイジングを実現している高齢者は少なくありません。したがって，④老化の普遍性については，集団全体でみればそのような一定の傾向があるとはいえますが，老化の過程は人それぞれによってさまざまであることに注意する必要があります。

このように高齢者には個人差がありますが，全体的にみれば加齢とともにさまざまな老化現象がみられます。機能低下のため，介護を必要とする状態にある高齢者の割合は，65～69歳では1.5％程度にすぎませんが，加齢とともにその割合は上昇し，80～84歳では約11.5％，85歳以上では約24％になるといわれています。

3 高齢者の身体機能

個人差はありますが，高齢者の身体機能は加齢にともない低下します。たとえば，形態面では，身長や体重は減少し，頭髪や歯も脱落していきます。皮膚は乾燥して弾性を失い，色素沈着や白斑，血管硬化などが生じます。機能面では，細胞内水分が少なくなり，脱水症になりやすくなります。また，食事摂取量が減少し，低栄養や低蛋白血症になりやすくなります。筋力そのもの加えて，動作を始めるまでの反応時間，運動神経の刺激伝導速度などが低下し，身体，四肢のすばやい動きができなくなります。加齢とともに残気量が増加し，肺活量も低下します。また，視力や聴力なども以前と比べて低下します。

4 高齢者の精神機能

高齢期には性格や感情，知的機能などの精神機能に変化がみられます。精神機能の変化には，個人本来の資質や病気，老化にともなう生理的変化，社会環境の変化などのさまざ

まな要因が関与しています。たとえば，高齢期は「喪失の時期」ともよばれ，多くの高齢者がこの時期に心身機能の低下や社会的役割からの引退，親しい人との死別などを体験します。そのため，高齢者では無気力感や不安・焦燥感，うつ病などを訴える者が少なくありません。また，病気や薬の副作用などの影響で，意欲の低下やうつ，せん妄，幻覚，妄想，知的機能の低下，睡眠障害などがみられることもあります。

5 高齢者の生活機能

　高齢者が在宅で独立して生活するために必要とされる能力，すなわち，生活機能には，主として，食事や排泄，入浴，着脱衣などの諸動作の自立遂行能力を意味する日常生活動作能力（Activities of Daily Living；以下 ADL と記す）と，金銭管理や買い物，食事の用意や電話など，ADL よりも高度な判断を必要とする手段的 ADL（Instrumental ADL；以下 IADL と記す）の 2 種類があります。ADL と IADL はともに身体的機能や認知症，精神状態などに左右され，加齢とともに低下するといわれています。最初に低下するのは，ADL よりも比較的高度な判断力を要する IADL であり，認知症においても早期から障害されます。また，さらに機能低下が進むと，歩行，食事，排泄，入浴などの ADL に障害がみられるようになり，他者による介護がますます必要な状態になります。

6 高齢者の疾病

　高齢者の疾病の特徴として，ひとりで複数の疾病をもっていること，慢性疾患が多いこと，合併症があること，症状や症候が典型的でないこと，回復が遅く合併症をともないやすいこと，疾病の予後が家族や社会的要因によって左右されやすいことなどがあげられます。高齢者にみられる疾病をここですべて取り上げることはできないため，以下では，高齢者を介護していくうえで特に重要と思われる疾病について解説します。

（1）認知症

　認知症とは，成人期以降に起こる記憶障害を中心とした認知障害により，日常生活に支障をきたした状態をいいます。物事の一部や細部が思い出せない，誰にでもみられる「物忘れ」とは異なり，認知症の記憶障害では，体験した出来事の全体を忘れてしまいます。また，認知症が進行すると，日時や場所，人物がわからなくなるなどの見当識の障害や失計算（知的機能は正常であるのに計算ができなくなる），失行（行おうとする行為や動作がわかるのに，行為や動作が行えない），失語（言語の理解はできるのに発語などができなくなる）などがみられるようになります。さらに，認知症の周辺症状として，徘徊や精神混乱，夜間せん妄（夜間に意識障害に加えて幻覚・妄想がみられる），幻覚などがみられることがあります。

　認知症をもたらす疾患はさまざまですが，代表的なものは脳血管障害とアルツハイマー病です。脳出血や脳梗塞（脳血栓または脳塞栓），くも膜下出血などの脳血管障害を原因と

する認知症を脳血管性認知症といいます。損傷を受けた脳の部位に応じて，症状にむらがみられるため，まだら認知症ともいいます。脳の損傷の部位や度合いによって症状はさまざまですが，記憶障害や見当識障害などの認知障害がみられます。また，症状は急激あるいは階段状に悪化するのが特徴です。一方，アルツハイマー病を原因とする認知症をアルツハイマー型認知症といいます。アルツハイマー病では，βアミロイドとよばれるタンパク質の蓄積により，脳の全体にわたって神経細胞が死滅し，脳が萎縮していくため，全般性認知症ともいいます。症状の進行は緩やかですが，脳の萎縮にともない，徐々に症状が重くなっていくのが特徴です。

(2) 白内障

白内障とは，眼球の前方にあるレンズの役割をする水晶体が白っぽく混濁し，不透明となった状態をいいます。水晶体が混濁することから，物がかすんで見えたり，明るい所でまぶしく感じたり，視力が低下するなど，さまざまな視力障害が生じます。白内障の原因には，加齢（老化）や糖尿病，外傷など，さまざまですが，多くは加齢（老化）にともない水晶体が混濁することにより発病すると考えられています。

(3) 老人性難聴

加齢にともない，内耳や聴覚中枢に病的変化が生じ，聞こえが悪くなった状態をいいます。聴力は，まず高音域，ついで中音域が低下しますが，低音域は比較的維持されます。また，ことばを聴き分ける能力（語音弁別能）も低するため，騒がしい場所などでの会話は著しく困難になります。

(4) 嚥下障害

嚥下とは，食物や水分を口の中に取り込んで，咀嚼し，咽頭から食道・胃へと送り込む過程をいいます。これらの過程のどこかがうまく機能しなくなることを嚥下障害といいます。嚥下障害のある高齢者では，食べ物を摂取してもうまく飲み込めずにむせてしまうといった症状がみられます。そのため，嚥下に障害のある高齢者には，のどを通りやすい，嚥下しやすいきざみ食や流動食が提供されています。

(5) 褥瘡（床ずれ）

褥瘡とは，身体の一部分が持続的に圧迫を受け，皮膚組織の血液循環が不良になり，その結果，発赤，腫脹，びらん，潰瘍の形成を経て，ついには壊死に陥る状態です。褥瘡は，同じ体位を長時間続けている者，たとえば，寝たきり状態にある者によくみられます。また，麻痺のある者，栄養状態の悪い者，やせた者，失禁や多汗，浮腫（むくみ）がある者などにもよくみられます。褥瘡は，体重などの圧迫を受けやすいところ，たとえば，仰臥位（仰向け姿勢）では仙骨（臀部のあたり），腹臥位（うつ伏せ姿勢）では膝，横臥位（横向きに寝た姿勢）では大転子部などに生じやすいため，これらの部位には十分な観察を行う必要があります。褥瘡予防には，圧迫部分の清潔を図るとともに，少なくとも2時間ご

とには体位を変えて，血液の循環をよくすることが重要です。

(6) 廃用症候群

　廃用症候群とは，長期にわたって安静状態にしていたり，体の一部を固定したりすることによって，関節の拘縮や骨・筋肉の萎縮，平衡機能の低下が生じ，ひいては全身の機能低下に陥った状態をいいます。高齢者では，転倒・骨折をきっかけに長期にわたる安静状態から寝たきり状態となり，そのまま廃用症候群に陥る場合が多くみられます。特に，高齢女性は骨粗鬆症になりやすく，転倒により骨折を起こしやすいため，廃用症候群になりやすいことが知られています。したがって，廃用症候群を予防するためには，基礎疾患の治療に加えて，機能低下が軽度である早い時期から機能訓練などを行うことが重要です。

7　基本的な対応

　年上の者を敬う気持ちを忘れずに，誠実な態度や丁寧な言葉遣いをもって利用者と接してください。また，視覚や聴覚などに障害があったり，記憶障害や見当識障害などの認知症があったりするために，なかなかうまくコミュニケーションがとれない利用者もいます。利用者と接する際には，利用者と目線を合わせて，ゆっくりと大きな声で話すだけでなく，利用者の手を握ったり，身振りや手振りを交えたりするなどの非言語的なコミュニケーションを活用し，円滑なコミュニケーションを図るように心がけてください。

■ 推薦図書

柴田　博・芳賀　博・長田久雄・古谷野亘（編）1993　老年学入門—学際的アプローチ　川島書店
古谷野亘・安藤孝敏（編）2003　新社会老年学—シニアライフのゆくえ　ワールドプランニング

Column　これからの高齢者福祉の動き

　2015年，団塊の世代が高齢期に突入し，2025年には高齢者人口がピーク（3,500万人）を迎えると見込まれています。また，高齢者世帯の3分の1が一人暮らし世帯（約570万世帯）となり，高齢者夫婦のみの世帯が約610万世帯になると予測されています。虚弱高齢者や介護を必要とする高齢者，認知症高齢者の数は2000年の280万人から2025年には約2倍の520万人になると推計されています（長寿社会開発センター，1999）。こうした事態に備えるため，現在，福祉マンパワーの確保や施設の整備，介護保険による介護サービスの質の向上などが推進されているところです。　　　　　　　　　　　　　　　　〔矢嶋裕樹〕

6 保護を要する児童

1 保護を要する児童の定義

　児童福祉法第4条1項によれば，児童とは満18歳に満たない者をいいます。さらに，児童期は，年齢によって，乳児（満1歳に満たない者），幼児（満1歳から小学校就学の始期に達するまでの者），少年（小学校就学の始期から満18歳に達するまでの者）に大別されます。

　また，「保護を要する児童」とは，保護者が死亡，長期入院，行方不明等で他に養育する者がいない児童や保護者に遺棄された児童，児童を虐待したり監護を怠るなど，保護者に監護させることが不適当と認められる児童をさします。なお，非行児童やひきこもり，拒食症などの情緒障害をもつ児童のうち，保護者が適切な監護を提供することが困難な児童も「保護を要する児童」に含まれます。

2 児童をめぐる問題

(1) 離婚

　2003年以降，離婚率は減少しているものの，離婚件数，離婚率ともにここ十数年，毎年記録を更新してきました。特に，同居年数の長い中高年層の離婚，いわゆる熟年離婚が増加しています。それにともない，親の離婚を経験する子どもの数も年々増加しています。

(2) 児童虐待

　2000（平成12）年に施行された「児童虐待の防止等に関する法律（児童虐待防止法）」によれば，児童虐待とは，保護者（親権を行う者，未成年後見人その他の者で，児童を現に監護する者）が養育する児童（18歳に満たない者）に対して，①児童の身体に外傷が生じたり，生じるおそれのある暴行を加えること，②児童にわいせつな行為をしたり，児童にわいせつな行為をさせたりすること，③児童の心身の正常な発達を妨げるような著しい減食や長時間の放置，その他の保護者としての監護を著しく怠ること，④児童に著しい心理的外傷を与える言動を行うこと，と定義されています。これらは，それぞれ身体的虐待，性的虐待，養育放棄・拒否（ネグレクト），心理的虐待とよばれます。

　近年，全国の児童相談所における児童虐待相談の処理件数は増加の一途をたどっていま

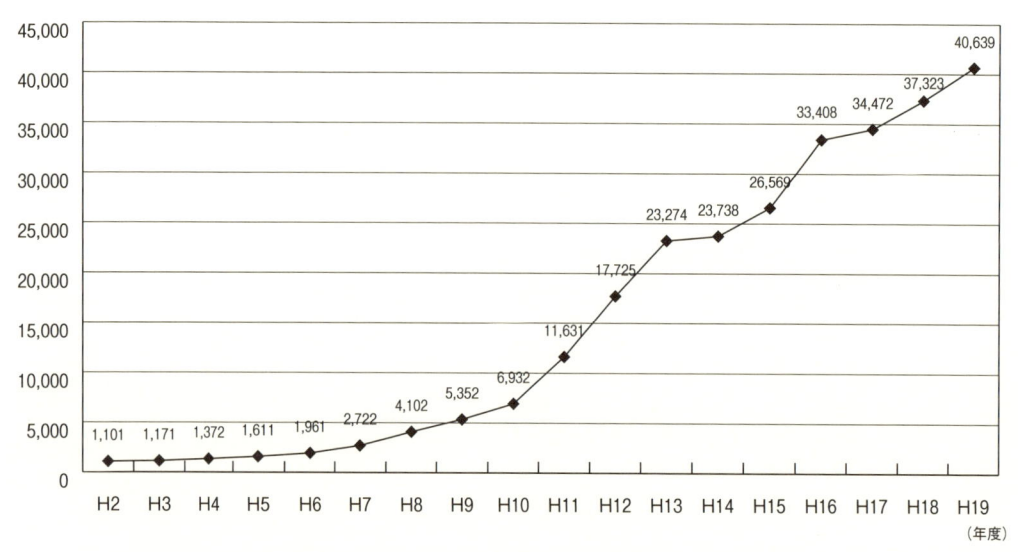

図 2-6-1　児童相談所における児童虐待相談対応件数の推移（厚生労働省, 2008）

す。児童虐待防止法が施行された 2000（平成 12）年度の児童虐待相談の処理件数は 17,725 件であったのに対して，2007（平成 19）年度では 40,639 件と約 2 倍強に増えています（図 2-6-1）。ただし，これは児童虐待の発生件数が増加したというよりは，児童虐待の早期発見を目的とした取り組みが効を奏し，これまで見過ごされていた虐待事例が発見されるようになったことの表われと考えられます。こうした虐待行為から児童の生命や基本的人権を守るため，さらなる積極的な対策の推進が求められています。

(3) 不登校

一般に，不登校とは，何らかの心理的，情緒的，身体的または社会的な要因により，登校しない，あるいはしたくてもできない状態をさします。不登校の原因は，友人関係のトラブルや教師との関係，家庭問題や学業不振などさまざまです。

平成 20 年度学校基本調査速報（文部科学省, 2008）によれば，不登校を理由とする児童生徒数は，小学校 2 万 4 千人，中学校 10 万 5 千人，中等教育学校 131 人，合計 12 万 9 千人（前年度より 1.9％増）となっており，わずかながら増加傾向を示しています。

(4) ひきこもり

厚生労働省の定義によれば，ひきこもりとは，自宅を中心とした生活を送り，就学・就労といった社会活動ができない，していない状況が 6 ヶ月以上続いている状態をいいます。このうち，統合失調症などの精神疾患がある場合や，家族以外の他者と親密な人間関係を維持している場合はひきこもりとはみなされません。近年，ひきこもりは精神保健福祉の対象として認知され，その対応のためのガイドライン（伊藤他, 2000）が作成されるなど，さまざまな取り組みが行われています。

3 保護を要する児童の特徴

近年，児童福祉施設のひとつである児童養護施設では，両親などとの死別によって入所に至る子どもは減少し，一方で家庭崩壊による養育機能の低下によって入所に至る子どもが増加しています。入所している子どものうち，保護者から何らかの虐待を受けている子どもは少なくありません。虐待は，子どもの身体や情緒，行動や性格形成などに後々にわたって深刻な影響を及ぼします。虐待を受けた子どもに多くみられる特徴として，以下のようなものが挙げられます。

(1) 心身の発達の遅れ

虐待を受けた子どものなかには，身体的な虐待などにより，打撲傷や内出血，頭部外傷などの外傷を負っている子どももいます。また，長期にわたる保護者からの不適切な養護や育児放棄（ネグレクト）の結果，身体の健全な発育・発達が妨げられたり，言語や知能，社会性の発達などが損なわれる子どももいます。ただし，慢性疾患や心身の障害など，保護者の養育負担を増大させるような特徴を子ども自身がもっている場合には，その子どもは（そうでない子どもよりも）虐待を受けやすいことが知られています。したがって，心身の発達の遅れが，必ずしも保護者からの不適切な養護によってもたらされたとはいえないことに注意する必要があります。

(2) 対人関係の障害

虐待を受けた経験のある子どものなかには，保護者との愛着という対人関係の基礎を築くことができなかったため，親密な人間関係をうまく築くことができない子どもが多いと指摘されています。

(3) 感情調整の困難

保護者から虐待を受けた子どもは感情を調整させる機能を発達させる機会がなかったため，些細なことをきっかけにかんしゃくを起こしたり，パニックに陥ったりすることがあります。また，愛着対象を失い，愛着欲求が満たされない空虚感や見捨てられ感から，万引きや盗癖，摂食障害，虚言癖などの行動に至る子どももいます。

(4) 低い自尊心と自己評価

保護者から虐待されるのは自分が悪いからだと自分を責め，自分の力では何も変えられないとの無力感を感じている子どももいます。周囲から承認されたことがないため，低い自己評価しかもつことができない子どもが万引きや盗み癖，虚言などの問題行動を起こし，周囲から非難を浴びることで，さらに自己評価を低下させしてしまうことがあります。また，「自分は価値のある人間である」といった自尊心をもつことができないために，アルコール中毒や薬物中毒，自殺企図やリストカットなどの自傷行為に至る子どももいます。

> **Column** 児童虐待の発生防止に向けた取り組み
>
> 　児童虐待の発生を未然に防ぐため，親の育児上の負担や不安感の軽減，地域からの孤立化の解消を目的として，子育て中の親子に対する交流・つどいの場の提供や地域子育て支援センターの設置，一時保育や夜間保育の実施などが行われています。また，家庭への積極的な支援として，2004（平成16）年度から，出産後間もない時期やさまざまな原因で養育が困難になっている家庭に対して，保健師や助産師，子育てOG/OBが育児や家事の援助，養育上の助言などをすることにより，養育上の問題解決を目的とした育児支援家庭訪問事業が行われています。
>
> 　児童虐待の早期発見・早期対応の観点からは，児童福祉司を増員するなどの児童相談所の体制強化，市町村の虐待防止ネットワーク（保健，医療，福祉，教育，警察，司法等の関係機関・団体などにより構成される）の形成強化，家族の再統合や養育機能の再生や強化などの取り組みが行われています。
>
> 　保護・自立支援に関しては，児童養護施設等における小規模ケアの推進，個別対応職員や家庭支援専門相談員の配置等，ケア担当職員の質的・量的充実，里親委託の推進，身元保証人を確保するための事業など，さまざまな取り組みが行われています。
>
> 　2002（平成16）年の改正児童虐待防止法では，児童虐待の定義の見直し（保護者以外の同居人も児童虐待の加害者となりうること，児童の目の前でドメスティック・バイオレンスを行うなどの間接的な被害を与えた場合も児童虐待とみなされることになった），国や市町村の責任の明確化，児童虐待に関わる通告義務の拡大，警察署長に対する援助要請等，面会・通信制限規定の整備，児童虐待を受けた児童等に対する支援がそれぞれ明記され，引き続き，児童虐待の発生防止に向けた取り組みが推進されています。
>
> 〔矢嶋裕樹〕

(5) 心的外傷

　自分を最も深く愛してくれるはずの保護者から虐待を受けた子どもは，身体のみならず，心にも深い傷（トラウマ）を負っています。トラウマを受けた子どもは，過去に受けた虐待経験を思い出させるような刺激に対して敏感であるため，ほんの些細な刺激によっても虐待経験の記憶が想起され，恐怖にさいなまれるといわれています。また，過度の警戒心や不安，退行行動などがみられることもあります。

　その他，食事や掃除，入浴，買い物などの基本的な生活技術が身についていないこと，学習の遅れがみられることなどが虐待を受けた子どもの特徴としてあげられます。

4 基本的な対応

　児童といっても，年齢も施設を利用している理由もさまざまです。特に，子どもの発育や発達の程度は個人差が大きいため，他の子どもと比較したり，大人の勝手な期待を子どもにかけたりせず，子どもをひとりの人格をもつ主体として認め，子どもがみずからの力

で成長・発達していけるように温かく見守っていく姿勢が重要です。

　また，多くの子どもは家族間の軋轢や暴力，長期にわたる保護者の不在など，大変辛い経験をしています。こうした子どもたちは施設にいても強い不安や不信，混乱を感じていることが少なくありません。子どもたちの不安や緊張を軽減するためにも，子ども自身の意向に耳を傾け，尊重することが重要です。

■ 推薦図書

高橋重宏　2008　子ども虐待 新版──子どもへの最大の人権侵害　有斐閣
高橋重宏・山縣文治・才村　純（編）2007　子ども家庭福祉とソーシャルワーク（第3版）─児童福祉論　有斐閣

■ 第2部文献

阿部芳久　2006　知的障害児の特別支援教育入門─授業とその展開　日本文化科学社
American Association on Mental Retardation　1992　*Mental retardation: Definition, classification, and systems of supports* (9th ed.). Washington, DC: AAMR.（茂木俊彦監訳　1999　精神遅滞　定義・分類・サポートシステム（第9版）学苑社
American Association on Mental Retardation　2002　*Mental retardation; Definition, classification, and systems of supports* (9th ed.). Washington, DC: AAMR.（栗田　広・渡辺勧持共訳　2004　知的障害定義，分類および支援体系，日本知的障害福祉連盟
浅井　浩　2003　知的障害と「人権」「福祉」　田研出版
馬場元毅　2009　絵でみる脳と神経─しくみと障害のメカニズム（第3版）医学書院
Darley, F. L. et al.　1975　*Motor speech disorders*. W. B. Saunders.（柴田貞雄訳　1982　運動性構音障害　医歯薬出版）
原田政美　1982　視覚障害の定義　原田政美（編）視覚障害第2版　医師薬出版　pp.4-7.
橋本創一・菅野　敦・大伴　潔・林安紀子・小林　巌・霜田浩信・武田鉄郎・千賀　愛・小島道生・池田一成　2008　障害児者の理解と教育・支援　金子書房
五十嵐信敬・池田由紀江・中村満紀男・藤田和弘・吉野公喜（編著）1995　教職教養障害児教育　コレール社
池田由紀江　2007　知的障害児の特性　佐藤泰正（編）特別支援教育概説　学芸図書
石部元雄・柳本雄次　1998　障害学入門　福村出版
伊藤順一郎　主任研究者：伊藤順一郎　分担研究者：池原毅和・金子吉春・益子　茂　2000　地域精神保健活動における介入のあり方に関する研究　10代・20代を中心とした「ひきこもり」をめぐる地域精神保健活動のガイドライン─精神保健福祉センター・保健所・市町村でどのように対応するか・援助するか　厚生労働省
　　http://www.mhlw.go.jp/topics/2003/07/tp0728-1.html
川野道夫・伊藤尋一　1999　術後の成績とリハビリテーション　本庄　巌（編著）人工内耳改訂第2版　中山書店
警察庁（編）2008　平成20年版警察白書　ぎょうせい
毛束真知子　2002　絵でわかる言語障害─言葉のメカニズムから対応まで　学研
切替一郎・野村恭也　2004　新耳鼻咽喉科学（第10版）南山堂
厚生統計協会　2008　厚生の指標　臨時増刊国民の福祉の動向, 第55巻, 第12号　厚生統計協会
厚生労働省　こころのバリアフリー宣言
　　http://www.mhlw.go.jp/shingi/2004/03/s0331-4a7.html
厚生労働省　2007　平成19年度保健衛生行政業務報告
向谷地生良　2006　「べてるの家」から吹く風　いのちのことば社
Lowenfeld, B.　1964　*Our blind children: Glowing and learning with them*. Charles C.Thomas.
三木安正（編）1968　精神薄弱児の教育　東京大学出版会　pp.29-43.
文部科学省　2004　小・中学校におけるLD（学習障害），ADHD（注意欠陥／多動性障害），高機能自閉症の児童生徒への教育支援体制の整備のためのガイドライン（試案）
　　http://www.mext.go.jp/b_menu/houdou/16/01/04013002.htm
文部科学省　2008　平成20年度学校基本調査速報
中沢正夫　2006　精神保健と福祉のための50か条　萌文社

日本社会事業大学社会事業研究所　1998　日本の視覚障害者の一般的な参加レベル―視覚障害者による評価社会福祉援助への国際障害分類（改正案）の活用可能性に関する研究, 3.
日本発達障害福祉連盟　2008　発達障害白書2009年版　日本文化科学社
岡本夏木・浜田寿美男　1995　発達心理学入門　岩波書店
Palmore, E. B, Maeda, D. T.　1985　*The honorable elders revisited; A revised cross-cultural analysis of aging in Japan*. Durham: Duke University Press.（片多　順訳　1995　お年寄り―比較文化からみた日本の老人　九州大学出版会）
Penrose, L. S.　1963　*The biology of mental defect*. Sidgwick and Jackson.（秋山聰平訳　精神薄弱の医学　慶應義塾大学出版会）
齋藤友介・坂野純子・松浦孝明・中嶋和夫（編）　2002　チャレンジ介護等体験―共生時代における障害理解のエッセンス　ナカニシヤ出版
笹沼澄子（監修）　1998　成人のコミュニケーション障害　大修館書店
精神保健福祉白書編集委員会　2007　精神保健福祉白書2008年版―多様化するメンタルヘルスと2年目を迎える障害者自立支援法　中央法規出版
柴田貞雄　1975　麻痺性構音障害　笹沼澄子（編）　言語障害　医歯薬出版
重野　純　2006　聴覚・ことば　新曜社
城丸みさと　1994　聴覚と聞こえの検査　山田弘幸・佐場野優一（編）聴覚障害Ⅰ基礎編　建帛社
Strehler, B. L.　1962　*Time, cells and aging*. Academic Press.
鈴木　淳　1997　失語症；失語症者の心理，コミュニケーション　狩野力八郎（監修）患者理解のための心理学用語　文化放送ブレーン　pp.146-149.（ナース専科　1997年11月臨時増刊号, 17(13), 207.）
鈴木　淳　2005　言語障害を有する対象者とのコミュニケーション・スキル　理学療法ジャーナル, **39**(2), 179-184.（講座　コミュニケーションスキル2）
高橋　純　1983　脳性まひの知識と正しい理解　高橋　純（編）脳性まひ児の発達と指導　福村出版　pp.9-20.
高岡　健　2007　やさしい発達障害論　批評社
滝川一廣　2004　「こころ」の本質とは何か　筑摩書房
月崎時央　2002　精神障害者サバイバー物語―8人の隣人・友達が教えてくれた大切なこと　中央法規
WHO　融　道男他訳　2005　ICD-10精神および行動の障害　医学書院
山鳥　重　1985a　脳から見た心（NHKブックス482）　日本放送出版協会
山鳥　重　1985b　神経心理学入門　医学書院
柳本雄次　2000　第8章肢体不自由児の教育　五十嵐信敬・池田由紀江・中村満紀男・藤田和弘・吉野公喜（編著）教職教養障害児教育　コレール社　pp.116-120.
全国特別支援学校肢体不自由教育校長会　2007　平成19年度全国特別支援学校（肢体不自由）児童生徒病因別調査

体験フィールドの理解

第3部

　介護体験をより有意義なものとするためには，体験が実施されるフィールドの理解が不可欠です。第3部では，代表的な体験施設である特別支援学校や社会福祉施設を取り上げ，その社会的役割や機能，そこで働く職員の役割や職務内容について解説します。

　まず，視覚障害児，聴覚障害児，知的障害児，肢体不自由児を対象とした特別支援学校について解説します。これら特別支援学校では，障害児に対して，幼稚園，小学校，中学校または高等学校に準ずる教育や，障害による学習上または生活上の困難を克服し自立を図るために必要な知識・技能を身につけるための指導が行われています。ここでは，各学校の目的，授業や教材・教具の特徴，教職員，一日の流れ，体験の際の注意事項について解説します。

　続いて，身体障害児者，知的障害児者，精神障害者，要保護児童，要介護高齢者を対象とした代表的な社会福祉施設について解説します。これら社会福祉施設では，対象者の福祉増進を図るために，各種治療や訓練，養護，介護等が行われています。ここでは，それぞれの施設の目的，提供されるサービスの内容，配置されている職員，一日の流れ，体験の際の注意事項について解説します。

1　特別支援教育のシステム
2　特別支援学校
3　社会福祉サービス制度とシステム
4　社会福祉施設
5　体験生の声

1 特別支援教育のシステム

1 わが国の障害児教育の歴史

　わが国の障害児に対する教育は，1878（明治11）年の京都盲唖院がはじまりとされています。以降，明治期および大正期から第二次世界大戦前にかけては，私立学校および篤志家などによって，主に盲児（視覚障害児）と聾児（聴覚障害児）を対象とした教育が行われてきました。

　一方，公教育としての障害児教育の本格的な胎動は，1947（昭和22）年に施行された日本国憲法の〈すべての国民は法律の定めるところにより，その能力に応じて，等しく教育を受ける権利を有する。すべての国民は，その子女に普通教育を受けさせる義務を負ふ。義務教育は，これを無償とする〉（第26条）のもとで実現しました。この条文を受けて，教育基本法等の関連法が整備され，このような経緯のなかで1948（昭和23）年度より，盲学校と聾学校の就学義務制が実施されました。しかしながら，知的障害児と肢体不自由児に対しては，戦前にはほとんど教育資源が存在しませんでした。そのため，養護学校ではその整備および人材の確保が遅れたため，義務制の実現は1979（昭和54）年まで待たなければなりませんでした。養護学校義務制の実現は，知的障害児や肢体不自由児に教育の場を提供したことから，障害を理由とした義務教育の就学猶予・免除者は1979（昭和54）年の2,574人から，2007（平成19）年には77人にまで激減しました（表3-1-1）。しかしながら，1979（昭和54）年の養護学校義務制に際しては，一方において義務制の実現を歓迎する関係者の声があったものの，他方において養護学校そのものが障害児を地域や社会から隔離・分離する装置となることを危惧する障害当事者の声や，「親の学校選択権」を求める保護者の運動もあり，こうした意見の対立は今日に至るまで解消されていません。

　養護学校の義務制が実現した1979（昭和54）年以降，わが国の特殊教育は，①盲学校・聾学校・養護学校と，②小・中学校に置かれる特殊学級を中心に進められてきました。さらに，1993（平成5）年からは，通級による指導（後述）が加わりました。また障害者をめぐるノーマライゼーションの進展や後述する国際的なインクルーシブ教育の動向を背景として，学校教育法が一部改正され，2007（平成19）年4月からは，従来の特殊教育の呼称が特別支援教育に改められました。さらに従来の盲学校，聾学校および養護学校の法律上の名称が特別支援学校に改められ，特殊学級が特別支援学級に改称され今日に至っています。

2 特別支援教育の目的

　特殊教育から特別支援教育への転換に先立ち，中央教育審議会は2005（平成17）年12月の答申において，特別支援教育の目的を「障害のある幼児児童生徒の自立や社会参加に向けた主体的な取組を支援するという視点に立ち，幼児児童生徒一人一人の教育的ニーズを把握し，その持てる力を高め，生活や学習上の困難を改善又は克服するため，適切な指導及び必要な支援を行うものである」と述べています。さらに従来の特殊教育の対象に加えて「現在，小・中学校において通常の学級に在籍するLD・ADHD・高機能自閉症等の児童生徒に対する指導及び支援が喫緊の課題となっており，『特別支援教育』においては，特殊教育の対象となっている幼児児童生徒に加え，これらの児童生徒に対しても適切な指導及び必要な支援を行うものである」と述べています。

　上記の答申を踏まえて学校教育法が2006（平成18）年に一部改正され，特別支援学校の目的は〈視覚障害者，聴覚障害者，知的障害者，肢体不自由者又は病弱者（身体虚弱者を含む。以下同じ。）に対して，幼稚園，小学校，中学校又は高等学校に準ずる教育を施すとともに，障害による学習上又は生活上の困難を克服し自立を図るために必要な知識技能を授けること〉（第72条）に改められました。

　加えて特別支援学校には，かねてより盲・聾・養護学校で培ってきた専門性を生かして，地域の小学校や中学校に在籍する障害児にサービスを提供するほか，小学校および中学校の教師に対して技術的に支援するといった，新たな特別支援教育のセンター的機能が求められるようになりました。

3 特別支援教育の場

　特別支援教育が行われる場は，①特別支援学校（従来の盲・聾・養護学校），②特別支援学級（従来の特殊学級），③軽度障害児を対象とした通級による指導の3つに大別されます。このほか④一般学級での障害に留意した指導，⑤障害を理由に通学が困難な児のための訪問教育があります。

　2007（平成19）年5月の調査結果によれば，義務教育段階にある児童生徒（10,815,272人）のうち，特別支援学校で教育を受ける者は58,285人（義務教育段階の児童生徒数における0.53%），特別支援学級を利用する者は113,377人（同1.04%），通級による指導を利用する児は45,236人（同0.41%）となっており，これらの合計は216,898人（同約2%）となります（表3-1-1）。

　特別支援学校では従来からの視覚障害，聴覚障害，知的障害，肢体不自由，病弱といった障害種ごとの単独校に加え，近年の児童生徒の重度重複化の傾向を踏まえ，設置者（自治体）の判断により，複数の障害種別を受け入れる新たな学校が設けられるようになりました（表3-1-2）。いずれの学校においても，後述する特別支援学校独自の教育課程と専門性を備えた教師，障害種別に配慮した特別な設備等，児童生徒一人ひとりの障害の状態に

表 3-1-1　障害をもつ児童生徒数（文部科学省, 2008）

義務教育段階の児童生徒総数	10,815,272 人	(100.0%)
特別支援学校に在籍する児童生徒数	58,285 人	(0.53%)
特別支援学級に在籍する児童生徒数	113,377 人	(1.04%)
通級による指導を受ける児童生徒数	45,236 人	(0.41%)
障害を理由とする就学猶予・免除者数	77 人	(0.001%)
児童自立支援施設または少年院	134 人	
その他	2,702 人	

平成 19 年度特別支援教育資料による

表 3-1-2　特別支援学校の現況（文部科学省, 2008）

学校区分		学校数	児童生徒数	学部別学校数				本務教員数
				幼稚部	小学部	中学部	高等部	
単独の障害	視覚障害	71	3,591	46	66	63	58	3,346
	聴覚障害	102	6,518	94	93	89	66	4,897
	知的障害	505	68,057	11	432	434	440	35,434
	肢体不自由	159	13,822	10	155	154	129	11,540
	病弱	78	3,285	—	77	73	43	2,879
複数の障害	知的＋肢体	70	10,139	—	67	68	66	6,682
	知的＋病弱	8	1,094	—	8	8	8	645
	肢体＋病弱	11	1,025	1	11	11	11	848
	知的＋肢体＋病弱	9	642	2	9	9	7	536

平成 19 年度特別支援教育資料より作成

表 3-1-3　特別支援学級の現況（文部科学省, 2008）

学級の種別	小学校		中学校		児童生徒数合計
	学級数	児童数	学級数	生徒数	
知的障害	13,736	44,228	6,731	22,483	66,711
肢体不自由	1,772	3,015	617	976	3,991
病弱・身体虚弱	716	1,346	292	480	1,826
弱視	194	245	67	85	330
難聴	473	865	214	343	1,208
言語障害	344	1,223	58	87	1,310
情緒障害	9,062	27,934	3,665	10,067	38,001

平成 19 年度特別支援資料より作成

適したきめ細やかな指導が行われています。なお特別支援学校においては小・中学部では児童生徒 6 人（高等部では 8 人）を基準として 1 学級が編成され，少人数による指導が行われています。

　一方，小・中学校に設けられた特別支援学級では，主に軽度の①知的障害，②肢体不自由，③病弱・身体虚弱，④弱視，⑤難聴，⑥言語障害，⑦情緒障害の児童生徒を対象として，少人数（基準は 8 人で 1 学級を編成）クラスにて指導が行われています（表 3-1-3）。

表 3-1-4 通級による指導の現況（文部科学省, 2008）

障害種別	小学校				中学校			
	小学校計	自校通級	他校通級	巡回指導	中学校計	自校通級	他校通級	巡回指導
言語障害	29,134	10,963	17,531	640	206	69	118	19
自閉症	4,975	1,484	3,419	72	494	174	307	13
情緒障害	2,628	955	1,610	63	569	170	392	7
弱視	134	14	110	10	21	3	18	—
難聴	1,618	292	1,201	125	305	76	187	42
学習障害	2,156	1,408	705	43	329	208	101	20
注意欠陥／多動性障害	2,406	1,030	1,327	49	230	113	114	3
肢体不自由	11	10	1	—	—	—	—	—
病弱・身体虚弱	16	7	9	—	8	2	6	—

平成19年度特別支援教育資料より作成（単位：人）

　この他，小・中学校の一般学級に学籍を置き，各教科の指導など大部分の指導は通常学級で受け，障害による学習上又は生活上の困難を改善・克服するための指導（特別支援学校の「自立活動」にあたる）および，障害に起因する各教科の補充的学習のみ，特別の場において指導を受ける，通級による指導があります（表3-1-4）。現在，通級による指導の対象は①言語障害，②自閉症，③情緒障害，④弱視，⑤難聴，⑥学習障害，⑦注意欠陥／多動性障害，⑧肢体不自由，⑨病弱・身体虚弱であり，知的障害は通級指導の対象に含まれていません。

4 特別支援教育の教育課程

(1) 特別支援学校

　特別支援学校では幼稚園・小学校・中学校・高等学校とは異なる，独自の学習指導要領に沿って教育が行われます。特別支援学校の教育課程では，幼稚園・小学校・中学校・高等学校に準じた教育，すなわち各教科，道徳（小・中学校のみ），特別活動，総合的な学習の時間に，障害による学習上又は生活上の困難を改善・克服するための特別の指導である自立活動が加えられています（図3-1-1）。

　自立活動の目標について2009（平成21）年3月に発表された新学習指導要領では，「個々の児童又は生徒が自立を目指し，障害による学習上又は生活上の困難を主体的に改善・克服するために必要な知識，技能，態度及び習慣を養い，もって心身の調和的発達の基盤を培う」こととしています。さらに自立活動について「健康の保持」「心理的な安定」

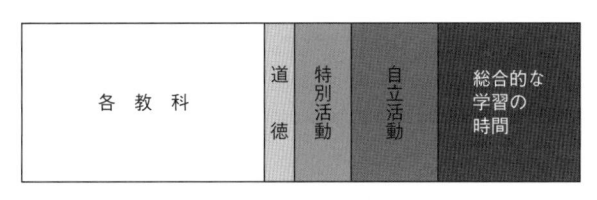

図 3-1-1 特別支援学校の教育課程（文部科学省のホームページより）

「環境の把握」「人間関係の形成」「身体の動き」「コミュニケーション」の6つの柱から構成するものとしています。なお，特別支援学校における教育課程の編成に際する，自立活動の取り扱いについては，「障害による学習上又は生活上の困難を改善・克服し，自立し社会参加する資質を養うため，学校の教育活動全体を通じて適切に行うもの」と述べています。さらに自立活動と他の領域との関係については，「各教科，道徳，特別活動及び総合的な学習の時間と密接な関連を保ち，個々の児童又は生徒の障害の状態や発達の段階等を的確に把握して，適切な指導計画の下に行うよう配慮しなければならない」としています。

このほか特別支援学校では，一部の教科において障害特性に配慮した特別な教科書を使用するほか，特別支援学校教員免許状をもつ教員のもと，児童生徒の障害の程度や重複障害の有無に応じて，柔軟かつ多様な教育課程の編成が認められています。

(2) 特別支援学級

特別支援学級の教育課程は小学校または中学校の学習指導要領によるものであり，①各教科，②道徳，③特別活動，④総合的な学習の時間から構成されています。加えて，教育の対象となる児童生徒の障害の状態に応じて，特別支援学校の学習指導要領を参考としながら，特別支援学校における「自立活動」に該当する内容を含んだ教育課程を編成することが認められています。

(3) 通級による指導

児童生徒は大部分の時間を小・中学校の通常学級で学習をするため，通級による指導は小学校および中学校の教育課程によります。ただし，これに前述した特別支援学校における「自立活動」に該当する指導内容を加えるほか，各教科の補充を目的とした指導を行うことが認められています。

5 真の特別支援教育の実現に向けて

障害者と健常者の分離と決別し，共生社会をめざす近年のノーマライゼーション思潮の台頭は，障害児の教育にも大きな影響を及ぼしています。「教室のノーマライゼーション」ととらえられるインクルーシブ教育はその代表的なものです。インクルーシブ（inclusive）教育とは，「障害児を含む多様な教育的ニーズをもつ子ども達を包み込む教育」です。インクルーシブ教育の視点では，地域の一般学校（通常学級）に特別な教育的ニーズをもつ障害児が在籍することを，当然の前提としています。

このような世界的な動向に後押しされて，わが国の障害児のための教育は，2007（平成19）年4月より，従来の特殊教育から特別支援教育に転換を遂げました。しかしながら，新たな特別支援教育はさまざまな問題を抱えています。以下，2008（平成20年）年5月に国連で発効をみた障害者の権利条約の考え方を踏まえつつ，わが国の特別支援教育における課題をみていくことにします。

(1) インクルーシブ教育の推進

　障害者の権利条約は 2006（平成 18 年）年 12 月の第 61 回国連総会にて採択されました。わが国も 2007（平成 19）年 9 月にこの条約に署名をし，現在，同条約批准に向けて，国内における法制度改正などの準備が進められています。

　障害者の権利条約の第 24 条では，1994（平成 6）年の「特別ニーズ教育に関するサラマンカ宣言および行動枠組み」（ユネスコ）の精神を継承する〈あらゆる段階における（障害児への）インクルーシブな教育制度〉（第 1 項）が盛り込まれています。また，この条約の 24 条第 2 項では「障害児が住む地域社会のなかで，インクルーシブな初等・中等教育を受けることが出来るようにすることを確保することを，政府に対して求めている」（長瀬他，2008）とされ，わが国においても地域に根ざしたインクルーシブ教育の実現が急務となっています。

　しかしながら，わが国においては欧米諸外国と比べてもインクルーシブ教育に向けた取り組みの遅れが顕著であり，特に知的障害児の分離教育の解消はいっこうに進んでいない現況が知的障害特別支援学校（従来の知的障害養護学校）に在籍する児童生徒数の推移からも理解されるところです（図 3-1-2）。弁護士の大谷恭子（2007）も指摘するように，わが国では「分離してでも手厚く教育することこそが教育の保障であり，その子にとって幸せ」と考えられ，こうした「原則分離」の施策からの脱却がはかられてこなかったのです。今後，通級による指導の対象に知的障害を含めることや，後述する認定就学の活用により，地域の小学校や中学校の通常学級でさまざまな障害児を受け入れる態勢づくり（権利条約 24 条 2，(c) が求める「合理的配慮」）を進めることが喫緊の課題となっています。インクルーシブ教育の進展にともない，今後わが国においてもあらゆる教育の場における，さまざまな教育的ニーズをもつ子どもたちへの教育の提供がますます求められることになるでしょう。

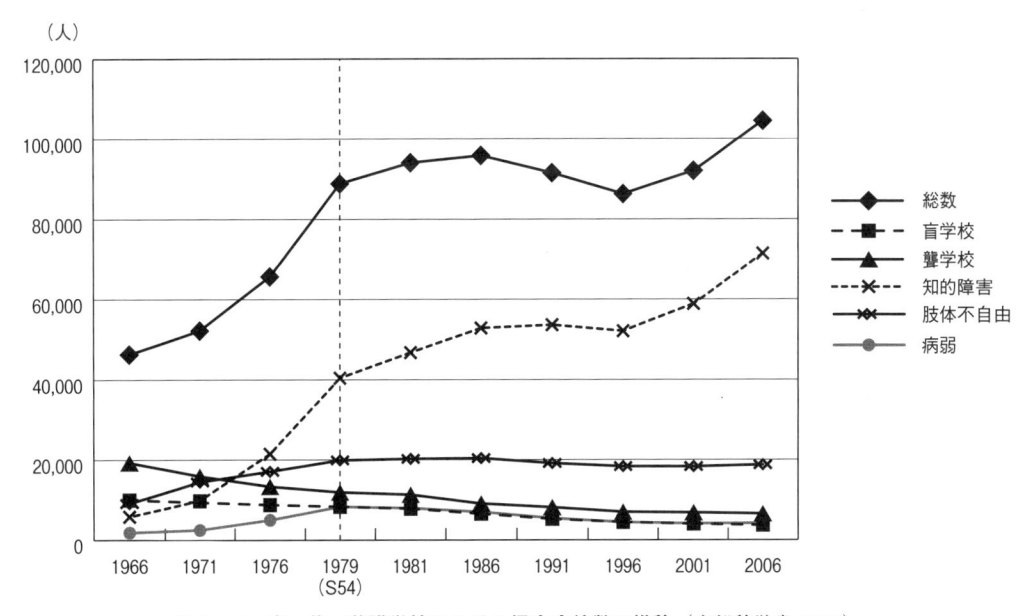

図 3-1-2　盲・聾・養護学校における児童生徒数の推移（文部科学省, 2008）

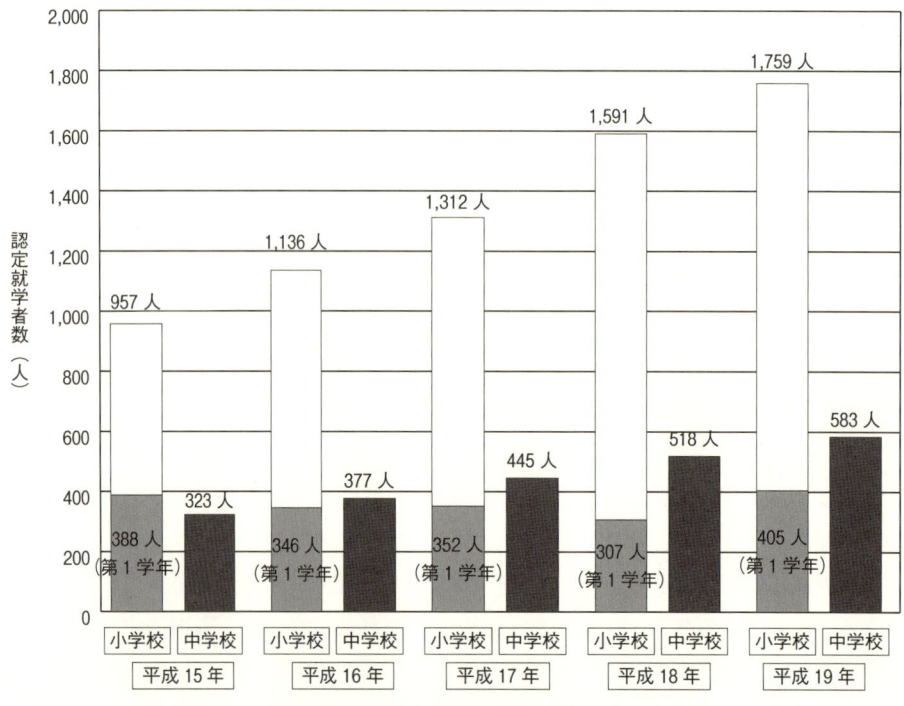

図 3-1-3　小・中学校における認定就学者数の推移 （文部科学省，2008）

(2) 就学指導の改善と認定就学

　就学指導とは障害をもつ児にとって最も適切な学校への就学をねらいとして，市町村および都道府県教育委員会がその保護者に対して行う，相談および指導です。この就学指導については，従来より保護者の学校選択権を保障していないとしてさまざまな問題点の指摘や批判がなされてきました。このような問題への反省や社会全体のノーマライゼーションの進展や地方分権の流れのなかで，2002（平成 14）年に特別支援学校に就学すべき障害の種類や程度を示す「就学基準」（学校教育法施行令第 22 条の 3）が見直されるとともに，認定就学者の考え方が取り入れられました。このことにより地域の小学校や中学校で適切な教育を受けることが可能だと市町村教育委員会が判断した場合には，認定就学者として障害児が通常学級に就学することが認められるようになりました。この制度は 2003（平成 15）年度より運用が開始され，制度の利用者は年々増加する傾向にあります（図 3-1-3）。

　今後はインクルーシブ教育への関心の高まりを受けて，この制度を活用した通常学級への障害児童生徒の就学の増加が想定されることから，小中学校内の物理的バリアの除去に加えて，通常学級に在籍する児童生徒に対する情報保障（聴覚障害児や肢体不自由児へのノートテイクおよび視覚障害児への点訳や拡大資料の作成など）や，知的障害児との共学を可能とするチームティーチング等の指導態勢づくりが求められています。

　なお，これらの通常学級における障害児を受け入れるための環境整備は，「特例的な配慮」ではなく，いずれも障害者の権利条約における一般教育制度（the general education system）における合理的配慮（reasonable accommodation）＝妥当な配慮」として取り扱われる必要があります。加えてこうした合理的配慮は義務教育段階（小・中学校）のみにと

どまらず，幼稚園や高等学校および大学，さらには生涯学習のさまざまな機会において保障されることが求められています。

　加えて最近では2007（平成19）年に学校教育法施行令が改正され，就学指導のプロセスにおいて，これまで等閑視されていた保護者の意見の聴取が教育委員会に義務づけられました。具体的には改正施行令は〈(前略) 特別支援学校の小学部に就学させるべき者について……（中略）その保護者及び教育学，医学，心理学その他の障害のある児童生徒等の就学に関する専門的知識を有する者の意見を聞くものとする〉（第18条の2）と改められ，障害児の保護者の意見を尊重した就学『支援』へと転換されるに至りました。これをうけて，すでに一部の自治体では就学指導委員会の名称を「就学支援委員会」等に改めています。しかしながら，就学指導委員会の機能については，今後，障害当事者（本人）や保護者の学校選択権の視点に立った，より大胆な見直しが求められるでしょう。

　なお，2008（平成20）年度から，埼玉県東松山市では上記の諸々の制度改正を活用して，地域の小学校および中学校への障害児の就学を推進する独自のサービスを始めており，目下，この取り組みは全国から注視されています。

(3) 聾児等の教育

　障害者の権利条約は障害児のインクルーシブ教育を推奨する一方で，他方において〈盲人，ろう者又は盲ろう者……（中略）……の教育がその個人にとって最も適切な言語並びにコミュニケーションの形態及び手段で，かつ学業面の発達及び社会性の発達を最大にする環境で行われることを確保すること〉（第24条，3（c）川島・長瀬仮訳，2008年5月30日）とし，聾（聴覚障害）児および盲児（および盲ろう児）の言語選択権の保障について明記しています。同条約は第2条で手話を「言語」として認定したうえで，聴覚障害児の〈手話の習得及びろう社会の言語的なアイデンティティの促進を容易にすること〉（第24条，3（b）川島・長瀬仮訳，2008年5月30日）の重要性を指摘しています。このことは，聾（聴覚障害）児の成長にとって手話を用いた教育の場（聾学校）と手話を使ってコミュニケートできる児童生徒集団が不可欠であり，加えて児童生徒のロール・モデルとなる，聾教員（聴覚障害教員）の存在の重要性を示唆するものです。加えて，通常学級における就学を希望する聾児と盲児に対しては，先述した情報保障が合理的配慮として提供されなければなりません。

2 特別支援学校

1 視覚障害

(1) 視覚障害児教育の場

特別支援教育のうち視覚障害児教育の対象となる視覚障害とは，「視力や視野などの視機能が十分ではないために，全く見えなかったり，見えにくかったりする状態」とし，その教育機関として，視覚障害特別支援学校（盲学校）と弱視特別支援学級，弱視通級指導教室があり，障害に配慮した教育が行われています。

1) 視覚障害特別支援学校（盲学校）　視覚障害特別支援学校で行う教育内容の概要を，幼稚部，小学部，中学部，高等部別に説明します。

幼稚部では，遊びやさまざまな体験活動を通して，物の触り方や見分け方がじょうずにできるように援助します。また3歳未満の乳幼児やその保護者への教育相談も行われています。

小学部および中学部では，小・中学校と同じ教科等を視覚障害に配慮しながら学習します。見えない子どもたちには，よく触って物の形や大きさなどを理解したり，音やにおいなども手がかりとして，まわりの様子を予測したり確かめたりする学習や，点字の読み書きなどの学習をします。また，白杖（はくじょう）を使って歩く力やコンピュータなどを使ってさまざまな情報を得る力を身につけます。弱視児に対しては，見えの状態に合わせて拡大したり，白黒反転したりした教材を用意して指導を行います。また，視覚を最大限に活用し，見やすい環境のもとで，事物をしっかりと確かめる学習を行ったり，弱視レンズの使用やコンピュータ操作の習得を行うなどします。

高等部では，普通科の教育のほか，あん摩マッサージ指圧師，はり師，きゅう師，理学療法士などの国家資格の取得を目指した職業教育を行います。

2) 弱視特別支援学級・弱視通級指導教室　弱視特別支援学級および弱視通級指導教室における教育では，拡大文字教材のほか，テレビ画面に文字などを大きく映して見る機器，照明の調節など，一人ひとりの見え方に適した教材・教具や学習環境を工夫して指導します。各教科，道徳，特別活動，総合的な学習の時間のほか，弱視レンズの活用や視覚によってものを認識する力を高める指導などを行います。

(2) 特別な教材・教具

主として視覚障害特別支援学校（盲学校）における，視覚障害を補うために工夫され使

用されている特別な教材・教具のなかから代表的なものについて解説します。

点字教科書　一般に使用している検定教科書が必ずしも適当ではないため，文部科学省では特別な配慮のもとに教科書を作成しています。

拡大教科書　弱視児にとっての見やすさに配慮し，書体や文字サイズや行間隔，文字間隔を工夫した拡大教科書が使用されています。

点字器，点字タイプライター　点字は図 3-2-1 に示したように，縦 3 点，横 2 点の凸点の組み合わせによって仮名文字を構成しています。点字を書き表わす器具として一般的に用いられるのは点字板であり，標準的なものは B5 判サイズの木製のもので，上部の器

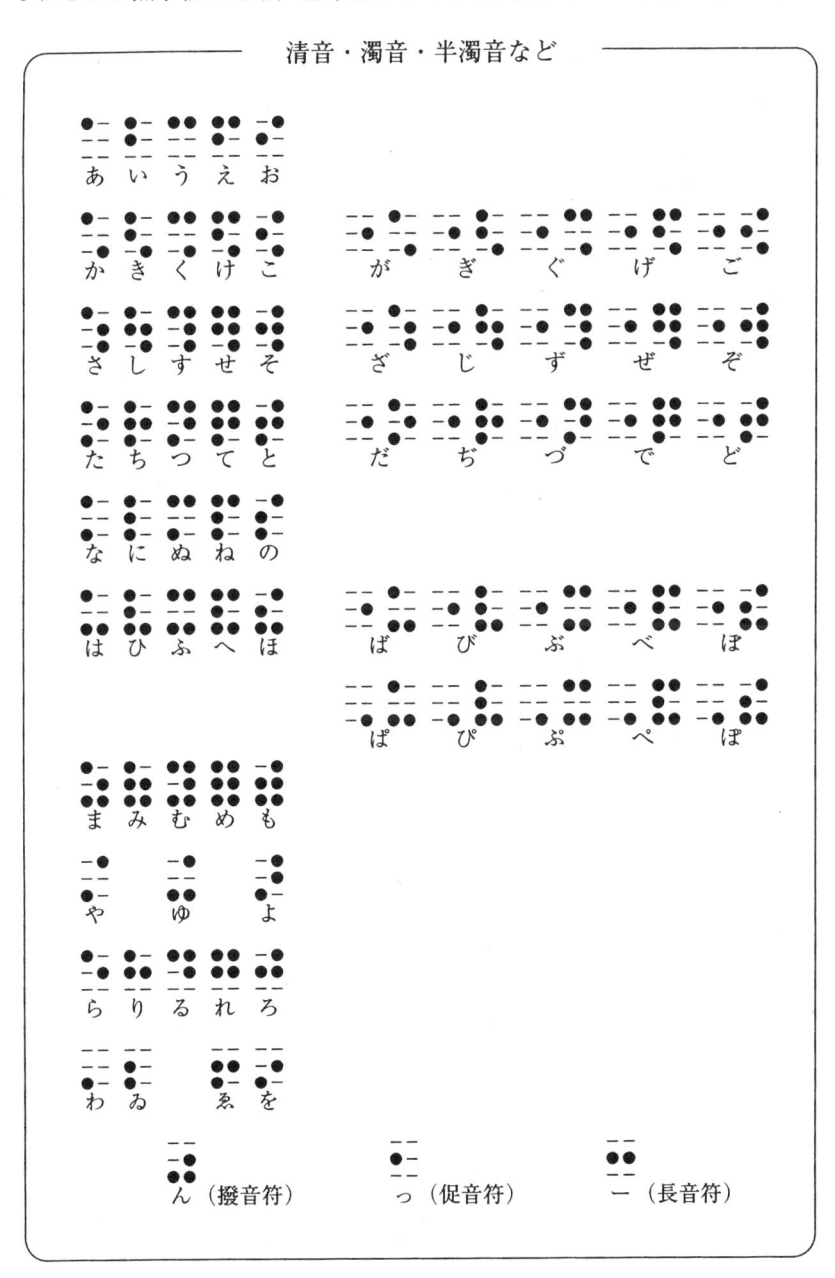

――― 清音・濁音・半濁音など ―――

あ い う え お　　　　　　　　　　
か き く け こ　　が ぎ ぐ げ ご
さ し す せ そ　　ざ じ ず ぜ ぞ
た ち つ て と　　だ ぢ づ で ど
な に ぬ ね の
は ひ ふ へ ほ　　ば び ぶ べ ぼ
　　　　　　　　　ぱ ぴ ぷ ぺ ぽ
ま み む め も
や ゆ よ
ら り る れ ろ
わ ゐ ゑ を

ん（撥音符）　　っ（促音符）　　ー（長音符）

図 3-2-1　点字の記号一覧（凸面から）

具で紙を押さえ，1点ずつを点筆といわれる器具で打てるように窓が開いた金属製の定規を定位置に固定して使用します。点字タイプライターは，6点を同時に打つことが可能なため効率的で，点字を下から打ちだすことにより，点字板を使用する場合とは異なり，左右を逆転させずに打つことができます。

　　レーズライター，シリコンレバー　　特殊な用紙を用いて，弾力性のあるゴム板の上に載せて，ボールペンのような筆記用具で描くと，描いた線が浮き上がり触覚的に確認できるように開発された器具です。

　　そろばん　　原理は一般のそろばんと同様ですが，操作しやすいように珠の代わりに平たいプラスチック製の弁がついていて，それを倒しながら使用します。また，さわって位取りができるように3桁ごとに凸点が打ってあります。そのため，筆算形式での計算が困難な視覚障害児にとって，計算器具としてだけではなく，算数および数学科の教具としても使用されています。

　　定規等　　定規や分度器には凸点の目盛りがついており，点筆や筆記用具で確認できるくぼみがついているなどのさまざまな工夫がなされており，触覚だけでの作図が可能です。

(3) 体験における注意事項

　一般的に，視覚障害児者は手助けなしでは多くのことをひとりではできないという先入観があります。しかし慣れた環境では多くのことを本人の力ですることができます。実際には手助けを必要としているのではないかと推測される時は，声をかけてその必要があるかを問うことが望ましいと考えられます。体験に際しては，特別支援学校の担当教師の指導を受けて，個々の児童・生徒の状況をできるだけ正しく理解して臨むことが大切です。

2　聴覚障害

(1) 聴覚障害者を対象とする特別支援学校の目的

　聴覚障害者を対象とする特別支援学校（以下，聴覚障害特別支援学校）は，これまで聾学校とよばれてきました。わが国の聾教育は，1878（明治11）年の古河太四郎による京都盲唖院の設立に始まるとされています。その後，聾学校は，第二次世界大戦後の1948（昭和23）年に盲学校とともに義務制となり，これまでに60年の教育実践の蓄積があります。

　聴覚障害特別支援学校の教育の目標は，学校教育法第6章に規定されているように幼稚園，小学校，中学校，高等学校と同様ですが，聴覚障害という障害の特性を踏まえたうえで指導を行わなければ上記の教育目標の達成ができないという理由から，その指導法には特段の専門性が必要とされます（藤本，2006）。

(2) 各学部における教育

　2008（平成20）年の時点において，聴覚障害者を対象とする特別支援学校は分校と分教室を含めて全国に116校あります（日本発達障害福祉連盟，2009）。多くの学校には幼稚部，小学部，中学部，高等部が設置されていますが，なかには幼稚部のみ，高等部のみの学校

もあります。また高等部に専攻科が設置されている学校もあります。

例をあげると，熊本県立熊本聾学校には幼稚部，小学部，中学部，高等部が設置されています。幼稚部では「豊かな経験を通じて，心身の育成とことばの拡充」を，小学部では「教科指導と生活指導，自立活動を通して，豊かな心を育て言語力，学力の向上」をめざした教育が行われています。中学部では「基礎学力の向上と将来社会で自立できる力をつけるための指導」を，高等部では「進学・就職に備え，多様な教育課程により，自立をめざした教育」が行われています（熊本県立熊本聾学校, 2008）。

幼稚部は3年制で，約9割の学校に設置されています。聴覚障害児にとって，人との信頼関係を築き言語コミュニケーションの基礎的能力を身につけるために，就学前の教育はきわめて重要です。3年間の就学前教育だけでなく，障害の早期発見・診断に続く0・1・2歳児の段階から，両親支援を含めて教育相談を行っている学校もあります。聴覚障害児は聴覚を通して情報を得ることに困難があるため，教科学習の基本となる日本語の読み書き能力に遅れがみられる傾向があります。このため義務教育の小学部と中学部においては，読み書き能力，教科の基礎学力の育成が重要な課題となります。

最後に，高等部には普通科の他に産業工芸，理容，情報デザイン等の多様な職業学科が設置されています。さらに高等部専攻科は2年または3年制で，高等部の教育を引継ぎ，より専門性の高い職業教育を行っています。高等部卒業生の進路は，一般企業や施設入所の他，近年では大学や専門学校といった高等教育への進学者も増加しています。

また，多くの学校では聴覚障害と主に知的障害を併せもつ聾重複障害の児童生徒の学級が設置されています。聾重複障害児の場合はその知的障害の程度によって，知的障害児を対象とする特別支援学校で行われる教育課程に準ずる指導形態を行っています。

(3) 授業や施設・設備の特徴

各学校を訪問すると，在籍する児が2～3人と少ない教室もあるかもしれません。一般に生徒の机は，教員だけでなく発言する他の生徒の顔や手の動きがよく見えるように，馬蹄(ばてい)（半円）形に配置されています。

施設や設備面では，始業のチャイムとともにランプが点灯する装置や，校内放送等を文字情報で伝える電子文字情報装置（LED）を取り付けている学校が多くみられます。また，聴力検査や補聴器の調整を行う防音の検査室が設置されており，自校の生徒の聴覚管理だけでなく，地域の小学校や中学校で学ぶ聴覚障害児に対しても専門的なサービスを提供することもあります。

(4) 生徒や教職員について

地方では一県に一つの聴覚障害特別支援学校という例も多くみられます。そのため，小学部高学年から高等部では寄宿舎に入舎して学校に通っている児童生徒もいます。寄宿舎では「寄宿舎指導員」が家庭的雰囲気の中で生活指導を行っています。また家庭の事情等によりろうあ児施設に入所し，そこから通学する生徒もいます。

近年，聴覚障害特別支援学校では，聞こえない人々の『ろう文化』を尊重した独自の活

動や，成人聾者のロール・モデルから学ぶ活動が盛んに行われています。一例をあげると「自立活動」に卒業生を招いて話を聞く機会を設けたり，文化祭で演劇や学習発表の他，手話による語りや手話落語の発表を行ったりしています。そのような機会を通して，生徒が肯定的な障害認識をもつようになることが期待されています。また，聾者である教員（聴覚障害教員）が増加する傾向にあります。同じ聴覚障害者としての懇切丁寧な指導や相談を行うとともに，生徒にとってのロール・モデルとなること等，聾教員には多くの役割が期待されています。

(5) 介護体験における注意事項

聴覚障害特別支援学校で学ぶ児童生徒のきこえは，人工内耳を装着し聴覚を活用する生徒から，補聴器を装用しても音声の聞き取りが困難な生徒まで，その実態は多様です。教育で用いるコミュニケーション手段（聴覚，読話，発声・発語，手話・指文字等）に関しても，音声を主とする生徒，手話を主とする生徒等，一人ひとりに配慮した指導がなされている点に注意してみましょう。

一般に，「聾学校では手話を使う」と思われていますが，聾者の言語として手話が正式に多くの聾学校で教育に使用されるようになったのは，ごく最近のことです。各学校には，代々育まれたその学校独自の手話表現があり，子どもたちはNHKの手話講座や手話辞典とは異なる表現を使用していることもあります。しかしながら，介護体験の際に手話を使うことで，間違いなく児童生徒との心の距離が縮まります。自分の名前を表わす指文字や挨拶レベルの初歩的な手話を覚えてから体験に臨むよう心がけてください。

3 知的障害

(1) 学校の目的

知的障害をもつ児童生徒を対象にした特別支援学校では，児童生徒の障害の特性や障害の程度に加えて，地域の特別支援教育のニーズ等を考慮のうえ，教育目標が設定されています。具体的には身辺自立の技能と習慣を身につけさせることにより，社会生活に必要な知識，技能および態度を養うことに重点をおいた教育が行われています。

(2) 授業や教材・教具の特徴

1) **授業の特徴**　知的障害特別支援学校の授業は3つに大別されます。第一は「国語」「算数」「音楽」「体育」等の，教科別の指導です。第二は領域別の指導とよばれるものであり，「特別活動」「自立活動」があげられます。第三は領域と教科を合わせた指導（合科，統合）と総称される，いわゆる「日常生活の指導」「遊びの指導」「生活単元学習」「作業学習」などです。以下，知的障害特別支援学校に特徴的な「生活単元学習」「作業学習」を中心に紹介します。

①生活単元学習　生活単元学習とは，年齢や発達段階にふさわしい生活意識および態度の育成をねらいとした，教科と他領域を合わせた学習の形態です。生活単元学習とは，

児童生徒が実際の生活の中で経験している，あるいは将来の生活の中で経験すると思われる，具体的な活動を取り上げて学習するものです。これらの学習を通して，生活に必要な知識や技能，および集団生活や社会生活へのよりよい適応に求められる態度や対人関係の養成がなされます。以下，生活単元学習の具体的事例をあげるならば，小学部では「歯磨きをしよう」，中学部や高等部では「暑中見舞いを書こう」「スキー合宿に行こう」といった単元名の授業が展開されています。

②作業学習　　高等部を卒業する生徒の多くは，民間企業のほか作業所等に就労します。そのため中学部および高等部の学習では，作業学習を通して将来の職業生活や社会生活に求められる，基本的知識や技能および働く意欲や態度，習慣などを養うことに重きが置かれています。具体的には印刷，焼き物，木工，染色，園芸，紙工などの作業種があり，最近ではより就労を意識しつつ，清掃やパソコン操作などの作業学習も行われています。これらの作業により生産された商品をバザーなどで販売することを通して，働くために必要な基本的能力や技能の形成がなされます。

2) 教材・教具の特徴　　知的障害特別支援学校では始業前に「朝の会」の時間があり，日直の児童生徒が出欠確認と今日の予定の確認を行います。今日の予定の確認では，黒板を使い，授業名と授業風景の写真のマッチングをしながら進められます。写真と名前を一致させて，その日一日の時間の流れに沿って並べていきます。知的障害の特性である行動の見通しを立てにくいという特性に配慮しつつ，知的障害特別支援学校ではこのような教材がひろく用いられています。

(3) 一日の流れ

　一日のおおまかな流れは表 3-2-1 に示すとおりです。

(4) 体験における注意事項

1) 心構え　　知的障害をもつ児童生徒は，一見すると幼く感じるかもしれませんが，知的障害という障害の特性を十分に理解したうえで，つねに実際の年齢や性別に応じた，人権を尊重する対応を心がけてください。たとえば中学部や高等部の生徒に対して，支援の必要がないにもかかわらず手をつなぐ等の行為は行わないよう，注意することが必要です。また，知的障害をもつ児童生徒では，あいまいな態度や表情を読み取ることが苦手であるため，はっきりとした態度で接することが重要です。そして，彼らは活動が楽しいと感じれば積極的に参加するので，声のかけ方や表情の使い方を含めて，つねに楽しい雰囲気づくりを心がけてください。

2) コミュニケーションの取り方　　知的障害児へのことばかけのルールは「適切に，短く」です。平易な言語表現で一つから二つの項目の内容を伝えるとよいでしょう。そして，指示代名詞（「あそこ」「あれ」等）は使用せず，具体的な名詞（「白い線」「カラーコーン」等）を使って，わかりやすく表現してください。また，知的障害児においては，幼い頃から叱られて育ってきた児童生徒が多いことも事実です。子どもたちのなかには，少し注意されただけでもめげてしまう児もいます。活動がうまくいった場合には，その場でしっか

表 3-2-1　知的障害特別支援学校の1日の流れ

活動	主な内容	
登校	登校 更衣 日課帳書き 係の仕事	スクールバスや徒歩・公共交通機関を利用して登校する。 制服から体操服に着替える。 日課帳に日付・今日の活動内容を書く。 植物の水やり・健康観察簿をもってくる等を行う。
朝の会	司会・進行 出席確認 今日の予定確認	日直が朝の挨拶を含め司会・進行を行う。 係が児童生徒の名前をよんで出席の確認をする。 日直が黒板に書かれてある今日の日付・曜日，天気予報，授業内容，給食の献立，下校時間を確認する。
朝の運動 (体育)	準備 片付け	体育館やグラウンドでマラソンやサーキット，ダンス等をする。
授業	―	―
給食	準備 配膳 片付け 歯磨き	給食当番は白衣に着替え，マスクをかえて手を洗う。 給食室から食器・食事を運搬して，配膳する。 給食室に食器を返却する。 それぞれ歯磨きをする。
授業	―	―
清掃	準備 清掃 片付け	使用する清掃道具を準備して割り当てられた場所の清掃をする。 清掃を終えたら片付け，手洗い・うがいをする。
下校準備	更衣 係の仕事	体操服から制服に着替える。 係が黒板に明日の予定の欄にカードを貼るもしくは書く。 係が日課帳と配布物を配る。
帰りの会	司会・進行 今日の振り返り 明日の予定確認	日直が帰りの会の司会・進行をする。 日直あるいは係がその日あったことを報告したり，感想を述べたりする。 日直が黒板に書かれてある今日の日付・曜日，天気予報，授業内容，給食の献立，下校時間を確認する。帰りの挨拶をする。
下校	下校	スクールバスや徒歩・公共交通機関を利用して下校する。

りほめることが重要です。そして，具体的にわかりやすく「今の○○がよかったよ」と賞賛すると良いでしょう。

4　肢体不自由

(1) 肢体不自由特別支援学校の目的

　肢体不自由特別支援学校は運動機能に障害をもつ子どもたち，すなわち身体の不自由な子どもたちが学ぶ学校です。在籍する子どもたちの約9割が「車いす」を移動の手段として利用しています。さらに児童生徒の約8割が脳性麻痺を原因とする肢体不自由児であり，肢体不自由以外の障害を併せもつ重複障害児も在籍しています。在籍する児童生徒の障害の程度は軽度から最重度まで多様です。近年では，重度の肢体不自由に加えて重度の知的障害・言語障害などを併せもつ，重度重複障害児の占める割合が増加しており，肢体不自由特別支援学校のなかには，障害児施設や医療機関に併設あるいは隣接して設置される学校もあります。なお，社会福祉の領域で使用される重症心身障害児という用語は，教育分野で使用される重度重複障害児とほぼ同義であり，図3-2-2に示した大島による分類の1

～4が重症心身障害にあたります。

また，肢体不自由特別支援学校をめぐる近年のトピックとして，肢体不自由児のみを在籍させる単独型の特別支援学校ではなく，肢体不自由児と知的障害児が共に学ぶ，「肢体不自由・知的障害併設型」の特別支援学校の増加があげられます。

(2) 授業の特徴

肢体不自由特別支援学校では，幼稚部と小学部，中学部，高等部に学部が分かれていますが，幼稚部を置かない学校もあります。教育課程はいずれの学部においても，「特別支援学校学習指導要領」に基づき各教科，特別活動，道徳（小・中学部のみ），総合的な学習の時間，自立活動から構成されています。さ

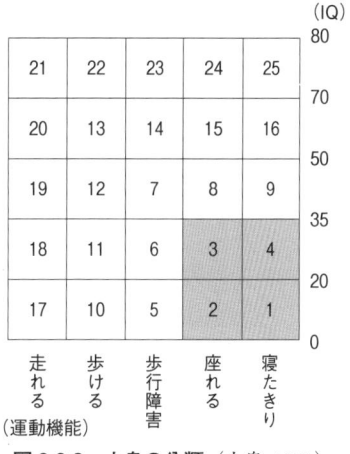

					(IQ)
21	22	23	24	25	80
20	13	14	15	16	70
19	12	7	8	9	50
18	11	6	3	4	35
17	10	5	2	1	20
走れる	歩ける	歩行障害	座れる	寝たきり	0

（運動機能）

図 3-2-2　大島の分類（大島, 1971）

らに，肢体不自由特別支援学校では，以下に述べる教育形態による授業が行われています。第一は通常学校と同様の教科書を使用した「準ずる教育課程」の授業です。第二の形態は知的障害の教育課程に対応した授業です。第三に重度重複障害の子どもたちが学習する「自立活動中心の教育課程」に対応した授業があります。

(3) 教材・教具の特徴

肢体不自由児が抱える学習上の困難には，次のようなものがあげられます。上肢の粗大動作（腕を上げ下げする動作）や巧緻動作（主に手指の動作）の不自由に起因する，実験器具，楽器，調理用具，パソコン，学習用具の扱いに困難があります。特に，書写における動作では時間を要するうえ，小さい文字が書けない，字形が崩れてしまうなどの問題があります。これら肢体不自由児を教育するに際して，教具における工夫としては，上記の用具を固定したり，大きくすることにより，操作しやすくすることがあげられます。また脳性まひ児の3分の2が視知覚障害をともなうために，斜線や複雑な漢字を書く際に困難が認められ，文章を読む時には，行を読み飛ばす，文字を読み飛ばすことが見受けられます（43ページ参照）。これらの課題に対応すべく，教材における工夫としては，カードで隠して見える行数を少なくするなど視覚情報量を減らし，注意が集中するようにする，文字を拡大するほか，ゴシック体に置き換えるなどします。また，三角形や複雑な図形を描く際に困難を示す者もおり，加えて，ものさし，温度計，量りなどの細かい目盛りを読むことが難しい児もいます。そのほかの教材の工夫としては，図形の色分けや黒白の反転，黒地に白い目盛りの定規を使用するなどの配慮がとられます。脳性まひ児のなかには構音障害がありスピーチが不明瞭な児が見受けられます。これらの児では発話がゆっくりしており，コミュニケーションに時間を要する場合がありますので注意が必要です（42ページ参照）。また重度の構音障害がある児の中には，トーキング・エイドのようなコミュニケーション器機を利用している子どももいます。

(4) 肢体不自由特別支援学校で働く人々

　肢体不自由特別支援学校では，教員（校長，教頭，副校長，主監，主事，主任，養護教諭，助手，非常勤講師など）の他に，職員（事務員，給食職員，スクールバス運転手，介助員，守衛員など）が働いています。学校カウンセラーを非常勤で配置している学校もあります。肢体不自由児を対象とする特別支援学校では，近年の医療上のケアを必要とする重度重複障害児の増加に対応すべく，看護師を配置する学校が増えています。また，自立活動の授業において理学療法士（PT）や作業療法士（OT）などの職員が専門的な訓練に関わる学校も増加する傾向にあります。また近年では，地域の小学校および中学校に在籍する肢体不自由児への教育的支援のニーズに対応すべく，特別支援学校のベテラン教員のなかから特別支援教育コーディネーターを選任し，地域の小学校および中学校へ出向くことにより巡回指導を行うほか，通常学級の教諭に対する指導や助言を行う事例も見受けられます。

(5) 体験における注意事項

　介護体験においては教育実習とは異なり，体験生が子どもを指導する機会は原則としてありません。体験生には積極的な観察を通して，肢体不自由児教育の現場を理解し，学習する姿勢が求められます。肢体不自由特別支援学校における体験では，体験生には車いすの移動介助を求められることが最も多いかと思われます。車いすは，障害の種類や程度によっていろいろなタイプがありますが，児の障害の状態に合わせて一人ひとり微妙に違いがありますので，操作をする際には注意が必要です。移動を開始する時は，必ずアイコンタクトを取り，声かけをしてから，ゆっくりと移動し，ゆっくりと停止するように心がける必要があります。また児童生徒の直接介助が必要な場面では，同性介助が基本となるので注意が必要です。

　最後に，障害の重い子どもたちでは，体験生に対して学外の人であることを敏感に感じ取り，強い不安を抱く児が多いと思われます。このような子どもたちにおいても，体験生の相手を思いやる一挙手一投足や微妙な雰囲気を受けとめていますので，その思いに応える態度で接することが大切でしょう。

3 社会福祉サービス制度とシステム

　高齢者人口の増加による医療費の増大，縦割り行政（医療や福祉など制度によってサービスの提供の仕方，財源などが異なること）の見直し，国民の意識の変化（福祉・保健・医療サービスの一体的提供の必要性）などを背景に，国民の福祉に対する考え方は大きく変化してきたといわれています。ここでは，わが国の子ども・家庭，障害児者，高齢者を対象とした社会福祉サービスの制度とシステムについて解説します。

1 児童福祉，子育て支援の最近の動向

　出生率の低下にともなう少子化や核家族化，単独世帯化にともなう児童や家庭をめぐる環境の変化などを背景に，児童家庭福祉施策は新たな展開を求められています。特に，核家族化・単独世帯化にともなう世帯規模の縮小化，父親の存在の希薄化や心理的不在，育児情報の氾濫（はんらん）により，育児する母親の孤立感や負担感，不安感（育児ストレス）が高いことが問題となっています。さらに，女性の高学歴化や自己実現意欲の高まりなどを背景に，育児をしながら働く母親（ワーキング・マザー）は増加する一方，働く母親にとって，育児と仕事の両立（ワークライフ・バランス）は依然として難しく，深刻な問題となっています。

　こうした現状を改善するため，1994（平成6）年に，文部，厚生，労働，建設の4大臣合意により策定された「今後の子育て支援のための施策の基本的方向について（エンゼルプラン）」では，1999（平成11）年をめどに，福祉，雇用，教育，住宅などの施策が推進されました。また，1999（平成11）年に，大蔵，文部，厚生，労働，建設，自治の6大臣合意により策定された「重点的に推進すべき少子化対策の具体的実施計画（新エンゼルプラン）」では，従来のエンゼルプランが見直され，2005（平成17）年をめどに，子育てと就労の両立，保育サービスに加え，子育てに関する相談支援，母子保健，教育，住宅などの施策が推進されました。さらに，2005（平成17）年の「新エンゼルプラン」の終了にともない，新たに策定された「少子化社会対策大綱に基づく重点施策の具体的実施計画（子ども・子育て応援プラン）」では，2009（平成21）年までをめどに，4つの重点課題（「若者の自立とたくましい子どもの育ち」「仕事と家庭の両立支援と働き方の見直し」「生命の大切さ，家庭の役割等についての理解」「子育ての新たな支え合いと連帯」）に沿った施策と目標が掲げられ，現在に至るまで企業や地域の取り組みの強化，休日保育や一時預かり施設の大幅な増加などの取り組みが推進されています（表3-3-1）。このように，夫婦や家

表 3-3-1 「子ども・子育て応援プラン」の概要（厚生労働省雇用均等・児童家庭局, 2004）

4つの重点課題	平成21年度までの5年間に講ずる施策と目標（例）	目指すべき社会の姿（例）
若者の自立とたくましい子どもの育ち	○若年者試用（トライアル）雇用の積極的活用（常用雇用移行率80%を平成18年度までに達成） ○日本学生支援機構奨学金事業の充実（基準を満たす希望者全員の貸与に向け努力） ○学校における体験活動の充実（全国の小・中・高等学校において一定期間のまとまった体験活動の実施）	○若者が意欲を持って就業し経済的にも自立（フリーター約200万人，若年失業者・無業者約100万人それぞれについて低下を示すような状況を目指す） ○教育を受ける意欲と能力のある者が経済的理由で修学を断念することのないようにする ○各種体験活動機会が充実し，多くの子どもが様々な体験を持つことができる
仕事と家庭の両立支援と働き方の見直し	○企業の行動計画の策定・実施の支援と好事例の普及（次世代法認定企業数を計画策定企業の20%以上，ファミリーフレンドリー表彰企業数を累計700企業） ○個々人の生活等に配慮した労働時間の設定改善に向けた労使の自主的取組の推進，長時間にわたる時間外労働の是正（長時間にわたる時間外労働を行っているものを1割以上減少）	○希望する者すべてが安心して育児休業等を取得（育児休業取得率　男性10%，女性80%，小学校就学の始期までの勤務時間短縮等の措置の普及率25%） ○男性も家庭でしっかりと子どもに向き合う時間が持てる（育児期の男性の育児等の時間が他の先進国並みに） ○働き方を見直し，多様な人材の効果的な育成活用により，労働生産性が上昇し，育児期にある男女の長時間労働が是正
生命の大切さ，家庭の役割等についての理解	○保育所，児童館，保健センター等において中・高校生が乳幼児とふれあう機会を提供（すべての施設で受入を推進） ○全国の中・高等学校において，子育て理解教育を推進	○多くの若者が子育てに肯定的な（「子どもはかわいい」，「子育てで自分も成長」）イメージを持てる
子育ての新たな支え合いと連帯	○地域の子育て支援の拠点づくり（つどいの広場事業，地域子育て支援センター合わせて全国6,000か所での実施） ○待機児童ゼロ作戦のさらなる展開（待機児童が多い市町村を中心に保育所受入児童数を215万人に拡大） ○児童虐待防止ネットワークの設置（全市町村） ○小児救急医療体制の推進（小児救急医療圏404地区をすべてカバー） ○子育てバリアフリーの推進（建築物，公共交通機関及び公共施設等の段差解消，バリアフリーマップの作成）	○全国どこでも歩いていける場所で気兼ねなく親子で集まって相談や交流ができる（子育て拠点施設がすべての中学校区に1か所以上ある） ○全国どこでも保育サービスが利用できる（待機児童が50人以上いる市町村をなくす） ○児童虐待で子どもが命を落とすことがない社会をつくる（児童虐待死の撲滅を目指す） ○全国どこでも子どもが病気の際に適切に対応できるようになる ○妊産婦や乳幼児連れの人が安心して外出できる（不安なく外出できると感じる人の割合の増加）

庭のみならず，国や地方自治体，企業・職場や地域社会で育児を支えていく「子育て支援社会」の構築を目指した施策が展開されています。

2　障害児者福祉の最近の動向

　障害者の社会参加と平等が求められるなか，2003（平成15）年4月には，身体障害者や知的障害者などの福祉サービスについて，「措置制度」に代わって「支援費制度」が施行されました。措置制度では，障害者ではなく，行政がサービスの提供者を特定し，サービス内容を決定していましたが，支援費制度では，障害者の自己選択・自己決定が尊重され，障害者みずからがサービス提供者である事業者等を選び，対等な関係に基づき，サービスを選択し，契約によってサービスを利用することになりました。また，支援費制度の施行により，行政の受託で障害者に対して福祉サービスを提供してきた事業者等は，利用者の多様なニーズに応えるため，サービスの質のさらなる向上を図ることが求められるように

なりました。

　しかしながら，支援費制度の施行により，ホームヘルプサービスやグループホームなどの居宅サービスの需要が急増したものの，支援費制度は財源面での根拠となる法律がなかったため，わずか2年で行き詰まってしまいました。また，支援費制度の対象は，身体障害者（児）と知的障害者（児）であり，精神障害者は含まれていないため，障害者全体を対象とする制度にはなっていませんでした。

　以上のような状況と制度上の問題を改善するため，2005（平成17）年に障害者自立支援法が公布されました。この法律に基づき，自立と共生の社会を実現し，障害者が地域で暮らせる社会の実現をめざして，①知的，身体，精神障害の3障害に分かれていた障害者施策の一元化，②利用者本位のサービス体系へと再編，③就労支援の抜本的強化，④支給決定の透明化・明確化，⑤安定的な財源の確保がそれぞれ行われることになりました。

　現在，障害者に対しては，障害者自立支援法に基づき，市町村の介護給付等に関する審査会において認定された障害程度区分（1〜6までに分類。6が最重度）や介護者の状況，サービスの利用意向などを勘案して，①介護給付（ホームヘルプサービスや生活介護など），②訓練等給付（自立支援や就労移行支援など），③地域生活支援事業（移動支援，手話通訳等の派遣など），④自立支援医療（育成医療費，精神通院医療費，更正医療費の助成），⑤補装具の給付，などの各種サービスが提供されています。

3　高齢者福祉の最近の動向

　加齢にともなって生じる心身の変化に起因する疾病などにより，要介護状態となった高齢者を社会全体で支える仕組みとして，介護保険制度が2000（平成12）年4月に導入されました。

　介護保険制度の保険者は，住民に最も身近な行政単位，すなわち，市町村です。被保険者は，市町村の区域に住所がある65歳以上の者（第1号被保険者）と40歳以上65歳未満の医療保険加入者（第2号被保険者）です。第1号被保険者の保険料は原則，年金から特別徴収（天引き）されます。また，第2号被保険者の保険料は，医療保険の一部として徴収されます。

　介護保険の給付はすべて「現物給付」という形で行われます。サービスにかかる費用の9割は介護保険から給付され，残る1割は利用者の自己負担になります。利用者の要支援・要介護の程度に応じて，個々のサービスごとに利用できる限度額が決められており，利用限度額を超えるサービスを利用した場合，超えた分は全額利用者の負担となります。

　介護保険の給付を受けるためには，本人または家族等が市町村の窓口に介護保険給付の申請を行います。この申請に応じて，申請者の心身の状態等が市町村の委託を受けた認定調査員によって調査されます。調査の結果，直接生活介助，間接生活介助，問題行動関連介助，機能訓練関連行為，医療関連行為の5つの領域の要介護認定等基準時間が合計され，その合計に基づいて一次判定が行われます（表3-3-2）。また，一次判定の結果と主治医の意見書に基づき，市町村に設置されている介護認定審査会（保険・医療・福祉の学識経験

表 3-3-2　要介護認定における判定（厚生労働省ホームページより）

直接生活介助	入浴，排せつ，食事等の介護
間接生活介助	洗濯，掃除等の家事援助等
問題行動関連行為	徘徊に対する探索，不潔な行為に対する後始末等
機能訓練関連行為	歩行訓練，日常生活訓練等の機能訓練
医療関連行為	輸液の管理，じょくそうの処置等の診療の補助等

要支援 1	上記 5 分野の要介護認定等基準時間が 25 分以上 32 分未満またはこれに相当する状態
要支援 2 要介護 1	上記 5 分野の要介護認定等基準時間が 32 分以上 50 分未満またはこれに相当する状態
要介護 2	上記 5 分野の要介護認定等基準時間が 50 分以上 70 分未満またはこれに相当する状態
要介護 3	上記 5 分野の要介護認定等基準時間が 70 分以上 90 分未満またはこれに相当する状態
要介護 4	上記 5 分野の要介護認定等基準時間が 90 分以上 110 分未満またはこれに相当する状態
要介護 5	上記 5 分野の要介護認定等基準時間が 110 分以上またはこれに相当する状態

者により構成される第 3 者機関）において，申請者に対してどの程度のサービスが必要であるかの二次判定が行われます（要支援・要介護認定）。

　認定の結果，申請者はサービスの必要がない「自立（非該当）」から最も介護を必要とする「要介護 5」までのいずれかひとつに認定されます（表 3-3-2）。要支援・要介護度に応じて，受けられるサービスの内容や給付額が異なります。「要支援 1・2」と認定された者は，施設サービスを受けることはできませんが，「新予防給付」として，要介護状態への移行防止を目的としたサービス（介護予防サービス）に関する給付を受けることができます（表 3-3-3）。「要介護」と認定された者は，「介護給付」として，居宅サービスや施設サービス，地域密着型サービスに関する給付を受けることができます（表 3-3-3）。なお，45 歳以上 65 歳未満の者（第 2 号被保険者）については，政令で定められた加齢にともなう 16 の疾病によって支援または介護が必要な状態になった場合に要支援・要介護認定が受けられます（62 ページ参照）。

　2006（平成 18）年度の介護保険制度改正にともない，「要支援」にも「要介護」にも該当しない者のうち，要支援・要介護状態になるおそれのある者に対しては，介護予防を目的とした地域支援事業の一環として，運動器の機能向上，栄養改善，口腔機能の向上，うつ予防，認知症予防，閉じこもり予防等のさまざまなプログラムが提供されています（表 3-3-3）。

表 3-3-3　サービスの種類（厚生統計協会, 2007）

	予防給付におけるサービス	介護給付におけるサービス
都道府県が指定・監督を行うサービス	◎介護予防サービス 【訪問サービス】 ○介護予防訪問介護 ○介護予防訪問入浴介護 ○介護予防訪問看護 ○介護予防訪問リハビリテーション ○介護予防居宅療養管理指導 【通所サービス】 ○介護予防通所介護 ○介護予防通所リハビリテーション 【短期入所サービス】 ○介護予防短期入所生活介護 ○介護予防短期入所療養介護 ○介護予防特定施設入居者生活介護 ○介護予防福祉用具貸与 ○特定介護予防福祉用具販売	◎居宅サービス 【訪問サービス】 ○訪問介護 ○訪問入浴介護 ○訪問看護 ○訪問リハビリテーション ○居宅療養管理指導 【通所サービス】 ○通所介護 ○通所リハビリテーション 【短期入所サービス】 ○短期入所生活介護 ○短期入所療養介護 ○特定施設入居者生活介護 ○福祉用具貸与 ○特定福祉用具販売 ◎居宅介護支援 ◎施設サービス ○介護老人福祉施設 ○介護老人保健施設 ○介護療養型医療施設
市町村が指定・監督を行うサービス	◎介護予防支援 ◎地域密着型介護予防サービス ○介護予防小規模多機能型居宅介護 ○介護予防認知症対応型通所介護 ○介護予防認知症対応型共同生活介護（グループホーム）	◎地域密着型サービス ○小規模多機能型居宅介護 ○夜間対応型訪問介護 ○認知症対応型通所介護 ○認知症対応型共同生活介護（グループホーム） ○地域密着型特定施設入居者生活介護 ○地域密着型老人福祉施設入所者生活介護
その他	○住宅改修	○住宅改修

市町村が実施する事業	◎地域支援事業 ○介護予防事業（運動器の機能向上，栄養改善，口腔機能の向上等） ○包括的支援事業 ・総合相談支援事業 ・権利擁護事業 ・包括的・継続的ケアマネジメント支援事業 ・介護予防ケアマネジメント事業 ○任意事業

4 社会福祉施設

1 身体障害者関連施設

　障害者自立支援法（以下，新法とする）の制定によって，2012（平成24）年3月31日までに，身体障害者福祉法による身体障害者更生援護施設は新法に基づくサービス体系に切り替わることになっています。多くの施設は，利用者の障害の程度や特性に合わせてこれまで実施してきたサービス内容を，新しい法律の体系の中に移行しつつあります。
　ここでは，身体障害者福祉法で設置されている身体障害者療護施設および身体障害者授産施設をとりあげて，新法において規定されるサービス内容とこれまでの身体障害者福祉法に基づいて提供されてきたサービスの内容について解説します。

(1) 新法におけるサービス

　新法におけるサービス体系は，日中活動系のサービスと居住系のサービスから構成されています。通所型の施設は日中活動系のサービスを，入所型の施設では，日中活動系とともに居住系のサービスが実施されています。
　日中活動系のサービスには，「生活介護」「就労移行支援」「就労継続支援A，B型」「自立訓練（機能訓練・生活訓練）」があります。
　居住系サービスには，「施設入所支援」があります。

(2) 身体障害者福祉法による身体障害者更生援護施設

　1）身体障害者療護施設　　身体障害者福祉法に基づき，常時介護を必要とする身体障害者に対して治療や養護を行うことを目的に設置された施設です。
　入所型であるA施設の生活の一例を紹介します。
　平日は午前中10:30～11:45の1時間15分間，作業を行います。一人ひとりに合わせた活動（ウエスとよばれる油ふきなどに使う布づくり）に，工夫した自助具を使って参加します。重度の身体障害のある人たちにとって，作業は働くという意味をもち，短い時間であっても1日の活動の柱になるだけではなく，元気に生きていくために必要な活動と位置づけられます。午後の活動の中心はリハビリテーションです。専門家が，一人ひとりの身体状況に合わせて立案したプログラムに従って，肢体の変形の予防や筋力増加，機能の維持や向上に取り組みます。その他の活動としては，定期的に作品の販売やクラブ活動，外

出，季節のイベントなどがあげられます。また，常時介護を必要とする身体障害者が健康に生活するために，必要な食事，排泄，入浴等の介護が，一人ひとりの身体状況に合わせて行われます。

身体障害者福祉法に基づいて実施されてきた以上のような支援は，新法における日中活動系サービスでは「生活介護」，居住系サービスでは「施設入所支援」の枠組みの中で提供されることになると推測されます。

2) **身体障害者授産施設**　身体障害者福祉法に基づき，入所または通所によって，雇用されることが困難または生活に困窮している身体障害者に対して必要な訓練を行い，かつ，職業を提供し自活させることを目的に設置された施設です。

授産施設は訓練を通して，利用者を一般就労へ結びつけることが求められ，そのための通過施設と位置づけられています。したがって，利用者の日課は仕事をすることに力点がおかれます。各施設によって仕事の内容はさまざまで，たとえばB施設では，一般の企業と競合する内容（クリーニング，印刷，製本，プレス）で，効率や生産性を上げて少しでも高い工賃を支払うことをめざし，他方，C施設では，比較的容易な仕事（陶芸，園芸，紙製鉢の作成，ウエス，おしぼりたたみ）で，さまざまな能力をもつ利用者に能力に見合った仕事を提供しています。いずれの施設も，細部では一人ひとりの能力にあった仕事を分業し，職員の手作りの補助具を使用するなどの物理的な環境整備にも配慮しています。入所型の施設では夜間や休日は必要な介助を受けながらも，自由な時間を個々に過ごしています。職員は日中活動の中でも作業の補助や納品補助などの他に，掃除，配膳などの生活介助をしています。

身体障害者福祉法に基づいて実施されてきた以上のような支援は，新法においては日中活動系サービスでは「就労移行支援」「就労継続支援」「生活介護」，居住系サービスでは「施設入所支援」の枠組みの中で提供されることになると思われます。

(3) 体験における注意事項

利用者への対応は，障害やその程度の違いによって異なります。実際には，職員の指示に従い，利用者の活動を見守りながら必要な支援をします。個別の利用者と関わることだけではなく，全体の活動が円滑に進行するように環境を整えるなどの配慮も大切です。個別に関わる場合，事前に障害の状況や対応方法について知っておくことが大切ですが，不十分な場合であっても，まず相手の気持ちに添うこと，親しくなりたいと感じていることが相手に伝わるように態度に示すことが出発点になります。

2　知的障害者関連施設

知的障害者福祉法による知的障害者更生援護施設は，新法の制定によって，2012（平成24）年3月31日までに，新法に基づくサービス体系に切り替わることになっています。多くの施設はこれまで実施してきた障害者の障害の程度や特性に合わせて実施してきたサービスを，新しい法律の体系に移行しつつあります。

ここでは，施設利用者数が多い知的障害者更生施設および知的障害者授産施設をとりあげて，さらに想定される新法における新しいサービスについて解説します。

(1) 新法におけるサービス

新法におけるサービス体系は，日中活動系のサービスと居住系のサービスから構成されています。通所型の施設は日中活動系のサービスを，入所型の施設では日中活動系とともに居住系のサービスが実施されています。

日中活動系のサービスには「生活介護」「就労移行支援」「就労継続支援A，B型」「自立訓練（機能訓練・生活訓練）」があります。

居住系サービスは「施設入所支援」となっています。

(2) 知的障害者福祉法に基づく知的障害者更生援護施設

1) 知的障害者更生施設　知的障害者更生施設は，18歳以上の知的障害者を入所（通所）させて，これを保護するとともに，その更生に必要な指導および訓練を行う目的で設置されています。

つぎに入所更生施設であるA施設を例にその役割や支援内容を紹介します。

A施設は，「知的障害を持ち，生活の援助や支えを必要としている人が，一緒に暮らしながら働き，様々な活動を行う生活施設」として，「地域のなかで人としての当たり前な生活を築く」ことを目的に設置されました。また，入所施設は利用者の生活をトータルに支える必要があり，「仕事」「生活」「余暇」の3つの側面から，担当職員が利用者と話し合いながら支援しています。さらに，その生活は常に地域に根ざしたものとなるようにしています。

1日の生活の中で，平日は日中の時間の大半が仕事や活動であり，10:00～16:00は個々の利用者が所属するグループで過ごし，昼食もグループ内で一緒にとります。A施設では仕事を「自分の身体や手や指を使って社会や地域の中で意味のある物を作り出すこと」と位置づけ，一人ひとりの障害や能力，個性に合わせて，園芸肥料づくり，ウエスづくり，ウエスの材料集め，納品，和紙づくり，野菜づくりなどの仕事が行われています。

夕方からは居室に戻り，就寝時間までは入浴や自治活動，夕食の他は自由に過ごします。休日は，帰省する人以外はイベントに参加したり買い物などをして基本的に自由に過ごします。

生活の場では，より家庭的な空間づくりを心がけ，利用者一人ひとりが生き生きと過ごすための支援を行っています。また，余暇時間は利用者が積極的に施設外に出ることによって，さまざまな体験をするだけではなく，地域の人々に知ってもらう機会を増やすことになると考えています。その他，季節や慶事に合わせて調理や物作りなどをして，利用者が豊かな生活体験をできるように配慮しています。

知的障害者福祉法に基づいて実施されてきた以上のような支援は，新法における日中活動系サービスでは「就労継続支援」「生活介護」，居住系サービスでは「施設入所支援」の枠組みの中で提供されることになると推測されます。

2) 知的障害者授産施設
知的障害者授産施設は，18歳以上の知的障害者であって，雇用されることが困難なものを入所（通所）させて，自活に必要な訓練を行うとともに，職業を与えて自活させることを目的に設置された施設です。

知的障害者授産施設は，訓練を通して利用者を民間企業等の一般就労へ結びつけることが求められ，そのための通過施設と位置づけられています。以下，通所授産施設であるB作業所を例にその役割や支援内容を紹介します。

B作業所の支援目標は，「作業所生活（作業・集団生活）を送るなかで，社会通念と規則を身につけ，社会的自立ができるための生活態度，生活習慣，身辺処理能力等の育成を図るとともに人間形成を促す」としています。またその中心に授産作業を位置づけ，作業活動を通して人間形成，作業適応力生活支援・職業支援を行い，利用者の自立を図り，個々の利用者の実態に応じた支援が行われています。B作業所の授産内容は，支援企業の下請け作業（花の開花管理等）の他に，箱折り，整袋作業，自主製品の鉢花栽培，農作物栽培で，利用者の希望や特性等に配慮しながら，一定期間を経て配属の変更がなされています。

作業所の日課は作業が中心ですが，利用者の生活経験を増やす，生活の幅を広げる，楽しみをもつという目的から，年間を通して，さまざまな行事が実施されています。全員参加の行事のほかにもスポーツ大会への参加，クラブ活動として陶芸や調理，工作，パソコンなど利用者の希望に応じて実施されています。

知的障害者福祉法に基づいて実施されてきた以上のような支援は，新法における日中活動系サービスでは「就労移行支援」「就労継続支援」「生活介護」，居住系サービスでは「施設入所支援」の枠組みの中で提供されることになると考えられます。

（3）体験における注意事項
利用者への対応は，障害やその程度の違いによって異なります。実際には，職員の指示に従い，利用者の活動を見守りながら必要な支援をします。個別の利用者と関わることだけではなく，全体の活動が円滑に進行するように環境を整えるなどの配慮も大切です。個別に関わる場合，事前に障害の状況や対応方法について知っておくことが大切ですが，不十分な場合であっても，まず相手の気持ちに添うこと，親しくなりたいと感じていることが相手に伝わるように態度に示すことが出発点になります。

3 精神障害者の社会復帰施設

（1）社会復帰施設の種類
1999（平成11）年に改正された精神保健福祉法に規定された精神障害者社会復帰施設は，①精神障害者生活訓練施設（援護寮），②精神障害者授産施設，③精神障害者福祉ホーム，④精神障害者福祉工場，⑤精神障害者地域生活支援センターです。設置主体は，都道府県，市町村，社会福祉法人，医療法人，特例民法法人等の非営利法人です。国や都道府県は設置者に対して施設経費や運営に要する費用を補助することになっています。この事業は社会福祉法第2条で第二種社会福祉事業に位置づけられています。したがって，施設の利用

は措置制度ではなく，利用者と施設側の契約により実施されます。

(2) 社会復帰施設のサービス体系

国は精神障害者の活動拠点を増やすため，障害者プランにより上記の精神障害者社会復帰施設の数値目標を定めました。その総数は，2006（平成18）年3月現在で，生活訓練施設289ヶ所，授産施設291ヶ所，入所授産施設29ヶ所，福祉工場18ヶ所，福祉ホーム232ヶ所，地域生活支援センター472カ所となっています。しかし，2006年4月から「三障害の統合」とサービスの実施主体を「市町村に一元化」した障害者自立支援法が施行され，サービス体系が大きく変わることになりました。

新たな障害者サービス体系は「日中活動」と「居住支援」に大別されるものとなっています。また，マネージメント機能と支援はこれまで地域生活支援センターが担ってきましたが，その管轄が自立支援法では都道府県から市町村に移されました。しかし，市町村により役割の受け止め方や取り組み方に格差があるのが現状です。

各施設は，2011年末までに新体制に移行することが求められています。

(3) 各社会復帰施設の概要

ここでは精神障害者生活訓練施設（援護寮）と精神障害者グループホームのみを取り上げ，その目的，対象，職員，日課について解説します。

1) 精神障害者生活訓練施設（援護寮）

①目的　居室その他の設備の利用により生活の場を提供するとともに，精神障害者の社会参加に関する専門的知識をもった職員による生活指導等を行い，利用者の自立を支援することを目的とした施設です。

②対象　入院医療の必要はないが精神障害のため独立して日常生活を営むことが困難と見込まれ，社会復帰を希望する者のうち，共同生活を営める程度の者で，かつ，精神科デイケア施設・通所授産施設・共同作業所等へ通える程度の者が対象です。

③職員　施設長，精神保健福祉士，精神障害者社会復帰指導員，医師がおかれています。

④日課　精神障害者生活訓練施設（援護寮）の1日の流れは表3-4-1のとおりです。

表3-4-1　精神障害者生活訓練施設（援護寮）の1日の流れ

時刻	内容
7時	起床，洗面・身支度等，食事当番
8時	朝食，ミーティング（体調などの確認）
9時	各自の活動（授産施設，デイケアなどの活動，または調理実習やレクリエーションなどの館内活動）
12時	昼食各自の活動
16時	ミーティング（その日にあった出来事，明日の予定），清掃
17時	夕食当番，夕食，入浴
20時	共用部分消灯

2) 精神障害者グループホーム

①目的　4～6人で生活する共同住居に世話人を配置して，地域において共同生活を営む精神障害者の方に対し，食事の世話，金銭出納（すいとう）に関する助言，服薬指導，日常生活面における相談・指導等の援助を行い，自立生活を支援することを目的とした施設です。

②対象　日常生活上の援助を受け

ないで生活することが可能でないか，または適当でない者で，かつ，一定程度の自活能力があり，数人で共同の生活を送ることに支障がない精神障害者が対象です。

③職員　サービス責任管理者，世話人がおかれています。

表 3-4-2　精神障害者グループホームの1日の流れ

時刻	内容
6時	起床，朝食準備，洗面
8時	共用部分掃除各自の仕事や日中活動
16時	夕食準備，夕食朝食の準備（仕込みなど）入浴
20時	自由時間（当番時は戸締り）
22時	消灯・就寝

④日課　精神障害者グループホームの一日の流れは表3-4-2のとおりです。

(4) 体験における注意事項―生活訓練施設を中心に―

生活訓練施設は，入院の必要はないが独立して生活するのには援助が必要な者が対象となる中間施設です。つまり，病院と地域での生活との「中間」という意味で，退院した利用者が施設で生活する間にさまざまな生活上の出来事を経験しチャレンジする，いわば実際の地域生活へ向けた準備期間に暮らす施設です。

生活訓練の機能で重要な点は，日常生活の場ということです。多くの利用者は，長い入院中に，生活が制限され管理されてきました。そのため，アパートでの一人暮らしはもちろん，食事をはじめ日常生活がまだ十分できるのか自信がなく，近所との付き合いや身だしなみ，ゴミ出しなどの地域ルールの修得，外来への通院や服薬の自己管理など，病院生活が長ければ長いほど，自分で本当にできるのかあいまいになっているという場合が少なくありません。しかし，地域で自立して生活するためには，利用者が自分の生活を自己管理し，自分らしく送ることができる能力が求められます。

したがって，生活訓練での援助の目標は，「訓練」ではなく，そこで過ごす時間をどのように主体的に自分らしく有意義に過ごせるかということに焦点が当てられます。

多くの場合，生活訓練施設での利用者の生活は，各人が自分の部屋の鍵を持ち，服薬はもちろんそれ以外のほとんどのことを自己管理しています。就寝時間も入院生活とは違い，夜遅くまで自分の時間を楽しむことができるのです。つまり，自由なごく当たり前の生活を地域で送るために，「責任」をもった生活の場を提供することこそが生活訓練施設のサービスの特徴なのです。

4　児童福祉関連施設

児童福祉施設は，主に保護を必要とする児童に適切な環境を提供し，養育・保護・訓練・育成などを行い，児童の福祉を図る施設です。児童福祉施設には，助産施設，乳児院，母子生活支援施設，保育所，児童養護施設，児童自立支援施設，知的障害児施設，自閉症児施設，盲児施設，ろうあ児施設，難聴幼児通園施設，肢体不自由児施設，重症心身障害児施設，情緒障害児短期治療施設など，さまざまな施設があります。ここでは，近年，被虐待児の増加にともない，その役割がますます重要となっている児童養護施設について解説します。

(1) 概要

　児童養護施設とは〈乳児を除いて，保護者のいない児童，虐待されている児童，その他環境上養護を要する児童を入所させ，これを養護し，あわせてその自立を支援することを目的とする施設〉（児童福祉法第41条）です。1997（平成9）年の児童福祉法改正により，児童養護施設等は，従来の養護（養育・保護）のみならず，児童の自立支援も目的とすることが明確にされました。児童の自立支援とは，一人ひとりの児童が健全な社会人として自立した社会生活を営んでいけるよう，自主性や自発性，自ら判断して決定できる力を育て，社会生活技術や就労習慣，社会規範を身に付けさせ，総合的な生活力が学習できるよう支援していくことです。

　児童養護施設の入所対象は1歳以上18歳未満の保護を要する児童ですが，場合によっては20歳まで在籍することができます。平成18（2006）年の全国児童養護施設協会調べによれば，児童養護施設は全国に565か所あり，約3万人の児童が施設に在籍しています。

　児童養護施設には，施設長，児童指導員，保育士，栄養士，嘱託医等の職員が配置されています。児童指導員，保育士の数は，3歳未満児では約2人につき1人以上，3歳以上の幼児では約4人につき1人以上，それ以上の児童については約6人に1人以上とされています。その他，一部の施設には，家庭支援専門相談員（ファミリー・ソーシャルワーカー）や個別対応職員，心理担当職員が配置されています。また，児童福祉施設最低基準では，児童の居室1室あたりの定員は15人以下，年齢に応じて男女別室，便所は男女別，30人以上入所させる場合は，医務室，静養室を設けることなどが定められています。また，平成4（1992）年度からは「児童養護施設分園型生活訓練事業」が創設され，おおむね中学3年生以上の自立訓練の必要な児童6人程度を対象に，グループホーム型の分園を敷地内に設置し，専任の職員を1人配置し，本園との連携のもと，入所児童の自立した社会生活に必要な訓練が行われています。

(2) サービス内容

　児童養護施設の主な目的は入所児童の自立を支援することです。そのため，児童の衣食住に関わる基本的生活の保障のみならず，児童の年齢・個性など発達段階や家庭背景を考慮した支援を行うとともに，児童相談所をはじめとする地域の諸機関と連携し，児童の家庭復帰のための家庭環境調整に関わる支援も行われています。児童養護施設で提供される主な支援の内容は以下のとおりです。

　①生活指導・自立支援　　児童の自主性を尊重し，基本的生活習慣を確立するとともに，豊かな人間性および社会性を養い，児童の自立を支援することを目的として，入所児童に対して生活指導が行われています。

　②職業・就労指導　　就労のための基礎的な能力や態度を育むため，児童の適性や能力に応じて，職業・就労指導が行われています。職業・就労指導は，営利を目的とせず，児童の福祉を損なわない範囲で，しばしば施設外で行われることもあります。また，退所前の児童においては，希望があれば，学校の休暇中にアルバイトを経験させるなど，広く社会に触れる機会を用意し，児童の自立に向けた支援が行われています。

③学習・進学指導　児童福祉施設長には，入所児童に義務教育を受けさせる義務が課せられています。したがって，施設においても一般家庭と同様に，児童の学習や進学指導が行われています。そこでは児童の学習意欲を深め，児童の才能・個性に見合った分野を伸ばすような支援が行われています。

④地域支援　ひとり親家庭の保護者などがやむをえない理由（病気・負傷など）で児童を養育できなくなった際に，一定期間，児童を預かり養護する「ショートステイ」，ひとり親家庭の保護者が残業などで帰宅が恒常的に夜間に及ぶ時，放課後に児童を通所させ，生活指導・夕食の提供などを行う「トワイライトケア」など，地域の家庭支援センターとしての役割も担っています。

なお，児童養護施設における一日の生活の流れは表3-4-3に示すとおりです。

表3-4-3　児童養護施設の日課

時刻	内容
6:15	起床，着替え，整容，部屋の掃除
6:40	配膳
7:00	食堂にて朝食
	歯磨き，登校準備，食堂の掃除
7:50	登校
	（授業）
14:00	下校，明日の準備，弁当箱の洗浄
15:00	おやつ
15:30	入浴（夕食前に各自で行う）
16:30	学習（小学生）
17:00	片付け，寮の掃除
17:40	配膳
18:00	食堂にて夕食
18:50	食堂の掃除
19:00	学習（中学・高校生）
20:00	就寝準備（小学生）
20:30	就寝（小学生）
21:00	就寝準備（中学・高校生）
21:30	就寝（中学・高校生）

(3) 体験における注意事項

児童養護施設等では，児童が自立した社会生活を営めるように，児童の自主性や創造性の涵養，自立した人格の形成，基本的生活習慣の確立等が図られています。したがって，児童が自立した人格や態度を身につけることができるように，児童の手本となれるような言動や態度をもって児童に接することが重要です。また，児童の意欲や自発性を尊重し，可能な限り，児童が抱えている問題をみずからの力で解決できるように，温かく忍耐強く見守る姿勢が大切です。

5　高齢者関連施設

要介護認定において，要介護状態と認定された要介護高齢者が利用できる「介護保険施設」には，①介護老人福祉施設，②介護老人保健施設，③介護療養型医療施設があります。各施設では，入所者の居宅生活への復帰を目指して，介護や機能訓練，療養上の世話などのサービスが提供されています。また，在宅の要介護高齢者に対しては居宅生活を支援するために，訪問介護（ホームヘルプサービス），通所介護（デイサービス），通所リハビリテーション（デイケア），短期入所生活介護（ショートステイ）などのさまざまなサービスが提供されています。

(1) 介護老人福祉施設

介護老人福祉施設は老人福祉法第20条の5において規定される特別養護老人ホームであり，そのうち，厚生労働省令で定める基準を満たし，申請により都道府県知事の指定を

表 3-4-4　介護老人福祉施設の1日の流れ
（通所介護サービスの場合）

時間	活動内容
9時	送迎
10時	施設到着，配茶，バイタルチェック
10時30分	入浴，休養
12時	昼食，服薬介助，口腔ケア
13時30分	クラブ活動，レクリエーション，機能訓練
15時	配茶，おやつ
16時	送迎，帰宅

受けた施設を指定介護老人福祉施設とよびます。

介護老人福祉施設の対象者は，身体上または精神上著しい障害があるために常時の介護を必要とし，居宅においてこれを受けることが困難な高齢者とされています。

介護老人福祉施設では，医師，看護職員，介護職員，機能訓練指導員，栄養士，生活相談員，介護支援専門員がおかれ，入所者の居宅における生活への復帰を目指し，入所者に対して入浴や排泄，食事等の介護やその他の日常生活上の世話，機能訓練，健康管理や療養上の世話などの介護サービスが提供されています。

現在，入居者の尊厳を重視したケアを実現するために，全室個室・ユニットケアを提供する小規模生活単位型特別養護老人ホームの整備が進められています。

介護老人福祉施設の一日の流れはおおむね表3-4-4のとおりです。

(2) 介護老人保健施設

介護老人保健施設は，病院から在宅への中間施設として，老人保健法を根拠に創設されました。

介護老人保健施設の対象者は，心身の状況や病状，そのおかれている環境を踏まえ，看護，医学的管理の下における介護や機能訓練，その他医療等が必要とみとめられる高齢者です。

介護老人保健施設には，医師，看護師，看護職員または介護職員，支援相談員，理学療法士または作業療法士，栄養士，介護支援専門員，調理員，事務員等がおかれ，居宅における生活への復帰を目指して，入所者に対して看護，医学的管理下における介護，機能訓練，その他の必要な医療や日常生活上の世話などの介護サービスが提供されています。

介護老人保健施設の一日の流れはおおむね表3-4-5のとおりです。

表 3-4-5　介護老人保健施設の1日の流れ
（施設サービスの場合）

時間	活動内容
5時30分	排泄支援
6時	起床，着替え，洗面
7時30分	朝食，服薬介助，口腔ケア
9時	ラジオ体操，排泄支援
9時30分	機能訓練，回診・外来受診
10時	クラブ活動，レクリエーション・行事，自由時間
12時	昼食，服薬介助，口腔ケア
13時	排泄支援，機能訓練
14時	入浴（週2回），レクリエーション，自由時間
15時30分	配茶，おやつ
16時30分	排泄支援
18時	夕食，服薬介助，口腔ケア，着替え，洗面
21時	排泄支援
22時	就寝，消灯

(3) 指定介護療養型医療施設

指定介護療養型医療施設は，長期にわたる療養が必要な要介護高齢者を対象とする介護療養型医療施設のうち，厚生労働省令で定める基準を満たし，申請により都道府県知事の指定を受けたものをさします。なお，療養病床とは，医療法第1条の5において規定され

る，主に長期にわたって療養を必要とする患者を入院させるための病床を指します。

　指定介護療養型医療施設では，医師，薬剤師，栄養士，看護職員，介護職員，理学療法士や作業療法士，介護支援専門員がおかれ，療養病床等を有する病院や診療所，老人性認知症疾患療養病棟を有する病院に入院する要介護者に対して，療養上の管理，看護，医学的管理のもとに，介護やその他の世話，機能訓練，その他必要な医療が提供されています。

(4) 体験における注意事項

　当然ながら，高齢者と一言でいっても年齢層は広く，心身の健康状態をはじめ，生活様式や価値観もさまざまです。したがって，高齢者一人ひとりの個性を尊重して接することが大切です。また，個人差はありますが，高齢者は過去の経験や出来事について頻繁に回想することがあります。こうした回想は，みずからの人生を振り返り，自身の存在の意味を再確認するための重要な行為です。したがって，高齢者の回想を単なる昔話として聞き流すのではなく，共感的に傾聴する姿勢が重要です。

5 体験生の声

　ここでは，介護体験に参加した3人の学生の感想を紹介します。皆さんも体験に参加する前に，介護体験の現場で先輩方が何を見て何を感じたのか，そしてどのような出会いがあったのか，ともに考えてみましょう。

> **Aさん〈児童養護施設と肢体不自由特別支援学校で体験〉**
> 　中学校の教員免許を取るにあたって，介護体験に行かなければならないというのは，恥ずかしい話，大学に入ってから知った。1年次に「介護体験の研究」の授業を受けていても，介護関係の仕事に就く気は無いのだから，無駄なことをさせられている気分で，どうにもやる気が出なかった，というのが本音だ。体験の期日が近づくにつれて，免許を取るためにはやらなければならないのだから，どうせなら前向きな気持ちでやろうと思うようになった。そこで，いっそのこと，教員免許の事は一切関係ないものとして考え，社会をあまり知らない自分が，広い視点でものを考えられるようになることを目標に，体験に臨むことにした。この目標はしっかりと達成できたと思う。私の普段の生活からすれば児童養護施設や肢体不自由特別支援学校はまるで異世界で，このような機会がなければ一生関わることもなかったように思われる。
> 　児童養護施設では，ニュースで聞いていた虐待を受けた子どもたちに会った。彼らは元気一杯に暮らしていた。虐待のニュースを聞いても人々は可哀想の一言で終わらせてしまう。子どもたちの未来のことなど気にはとめないだろう。ニュースでは報道されない（良い意味での）社会の裏側を見ることができた。
> 　肢体不自由特別支援学校では，社会のあり方，人間の平等についても考えさせられた。生まれながらの障害で社会に組み込まれない，組み込むのが不可能な人たち。学校が児童ではなく，その親を満足させる場所になってしまうという問題，すべての人間は平等であると安易にうたっていても，それを実行できないという，こちらも社会の複雑な裏側を垣間見ることになった。
> 　教師には介護能力が必要だから介護体験に行くのではない。教師という人々を教える人間に必要なのは，物事を一点からではなく，多方面から広い視点でとらえる能力だと思う。行く前は無駄だと思っていたこの介護体験も，その内容のひとつひとつが自らの力になっていくのを感じた。

Bさん〈知的障害者授産施設と肢体不自由特別支援学校で体験〉

　介護体験を通して，世の中にはいろいろな人々がいることを知りました。それは，私もいろいろな人の中に含まれるのであり，「障害」とひとくくりにされている人々の中にもいろいろな人がいるということです。私はコミュニケーションを大事にし，相手が考えていること，私に伝えようとしていることを理解できたらいいな，と思いながら体験に参加しました。あるスタッフの方に，「普通に初対面の人と会ったらどうする？　やっぱり，どんどん話しかけるでしょ？　相手のことを知りたいからね，それと同じ事だと思うよ」とアドバイスを受け，とても納得しました。自分から声をかけるなどのアクションをとることをきっかけとして，知り合い，信頼関係を築くまでに至るのだと思いました。そして，そのなかでいろいろな人がいることを知り，人との関わり方もさまざまであることを学ぶのです。自分だけの考えにこだわらず，他の人の意見に耳を傾けること，一つのことに関して，他の考え方はないのだろうかと可能性を見つけることなどを介護体験から学びました。将来，希望の仕事である教師という立場からだけではなく，これから生活をしていくうえで，人々と出会い，接していくのに今回の体験を生かしていきたいと思います。7日間という短い期間でしたが，多くのスタッフ・教員の方に支えられて終えることができました。ありがとうございました。

Cさん〈老人デイサービスセンターと肢体不自由特別支援学校で体験〉

　老人デイサービスセンターでは，コミュニケーションをとることを中心に介護体験をさせていただきました。デイサービスセンターにいらっしゃるお年寄りの方々は，そのほとんどが認知症で，次の日には前日のことをほぼ忘れてしまいます。そのようななか，コミュニケーションをとっていくので，毎日，自己紹介からスタートしました。初めは恥ずかしいという気持ちがあり，どんなお話をしたらいいかわかりませんでしたが，施設のスタッフの方から「残りの人生，今日もここに来て良かった，と思えるように接してください。変な言い方かもしれませんが，明日，お亡くなりになってしまうかもしれない。そんななか，来てくれていて，私たちと過ごしてくださっているのですよ」と言われ，とても感激し，今まで何を恥ずかしがっていたのかと反省しました。お年寄りの方々が楽しんでくださるよう，各人の性格，その日の体調，興味のあることを考え，また自分のことも話し，私をわかってもらい，心を開いてくれるよう努力しました。名前を覚えて呼ぶことはもちろんのこと，話し方や声の大きさを変えたり，リアクションを大きくしたり，喜んでもらえることを常に考えました。何か用事があるとき，私のことを呼んでくださったり，人生の話をしてくださったり……たった5日間でしたが，人生の中でとても大切なことを学べたと思います。

　肢体不自由特別支援学校では，授業の見学と遠足の時に実際に車いすを押させてい

> ただきました。子どもたちはさまざまな障害を抱えていますが，ここの学校の授業はとても明るく，楽しく，興味の沸くすばらしいものでした。うまくしゃべれない子どもたちも目を輝かせ，「なるほど」とうなずいたり，一生懸命答えようとしたりしている姿を見て感動しました。そうさせるほどの先生方も授業の展開が素晴らしく，人間として魅力的なので，子どもたちも生き生きしてくるのだと感じ，とても勉強になりました。

ところで，介護体験にはどのような事前学習が求められるでしょうか。

介護体験では学生が自ら体験の趣旨を十分に理解し，社会福祉施設や特別支援学校において主体的な問題意識をもって体験に臨むことが重要となります。しかしながら，多くの学生にとっては，介護体験において初めて障害者や高齢者と接するというのが実情であり，多くの学生諸君にとっては介護体験は「異文化」体験になるかもしれません。このような介護体験を有意義なものとするためには，体験が行われる施設や教育機関の目的や提供されるサービス内容について基本的な知識を事前学習しておくことが重要となります。加えて，援助やコミュニケーションに不可欠な，施設利用者や障害児童生徒の障害に関する基本的理解を深めることが求められるでしょう。

■ 第3部文献

阿部芳久　2006　知的障害児の特別支援教育入門―授業とその展開　日本文化科学社
藤本裕人　2006　わが国における聴覚障害教育の目的と制度　中野善達・根元匡文（編著）聴覚障害教育の基本と実際　田研出版　p.42.
福祉士養成講座編集委員会（編）2000　児童福祉論　中央法規出版
市川太郎　2008　児童福祉施設に求められること―当事者参加視点からの現状と課題及び展望　こころの科学, 137号, 59-65.
五十嵐信敬・池田由紀江・中村満紀男・藤田和弘・吉野公喜　1995　教職教養障害児教育　コレール社
石部元雄・柳本雄次　1998　障害学入門　福村出版
川島　聡・長瀬　修（仮訳）2008年5月30日付　障害のある人の権利に関する条約仮訳
厚生統計協会　2007　国民の福祉の動向2008年　第55号, 第12巻,
厚生統計協会　2007　国民衛生の動向2007年　第54巻, 第9号, 226.
厚生労働省　2006　児童養護施設入所児童等調査結果の概要（平成15年2月1日現在）
厚生労働省　2008　平成18年度児童相談所における児童虐待相談件数（速報値）平成20年12月1日朝日新聞
厚生労働省　2015年の高齢者介護―高齢者の尊厳を支えるケアの確立に向けて
　　http://www.mhlw.go.jp/topics/kaigo/kentou/15kourei/sankou3.html
厚生労働省雇用均等・児童家庭局　少子化社会対策大綱に基づく重点施策の具体的実施計画について（子ども・子育て応援プラン）の決定について　資料2
　　http://www.mhlw.go.jp/houdou/2004/12/h1224-4b.html
厚生労働省社会・援護局障害保健福祉部障害福祉課　2006　障害者自立支援法における小規模作業所のあり方について
　　http://www.nissinren.or.jp/news/gn20060228new1pdf.pdf
熊本県立聾学校　2008　熊本県立聾学校学校案内
文部科学省　2008　特別支援教育に関すること
　　http://www.mext.go.jp/a_menu/shotou/tokubetu/main.htm
文部科学省　2008　特別支援教育資料

http://www.mext.go.jp/a_menu/shotou/tokubetu/material/020.htm
長瀬　修・東　俊裕・川島　聡　2008　障害者の権利条約と日本―概要と展望　生活書院
日本発達障害福祉連盟（編）　2009　発達障害白書　p.168.
大谷恭子　2007　Q13 教育はどう変わりますか？　東俊裕監修　障害者の権利条約でこうかわるQ&A　解
　　放出版社
佐藤泰正　2007　特別支援教育概説　学芸図書
精神保健福祉白書編集委員会　2007　精神保健福祉白書 2008 年版―多様化するメンタルヘルスと障害者
　　自立支援法　中央法規出版
障害者自立支援法
　　　http://law.e-gov.go.jp/htmldata/H17/H17HO123.html
庄司洋子・松原康雄・山縣文治（編）2004　家族・児童福祉　有斐閣
高橋重宏・山縣文治・才村　純（編）2007　子ども家庭福祉とソーシャルワーク　有斐閣
全国児童養護施設協会　2000
　　　http://www.zenyokyo.gr.jp/

事項索引

あ
愛着　69
朝の会　87
アジア太平洋障害者の10年　13
アスペルガー症候群　53
アメリカ精神遅滞学会　45
アルツハイマー型認知症　65
医学的リハビリテーション　24
育児ストレス　91
育児放棄（ネグレクト）　69
一般教育制度　80
「異文化」体験　108
医療的な配慮　41
インクルーシブ教育　74, 79
インクルージョン　24
インペアメント　22
ウェクスラー式知能検査　45
ウェルニッケ領野　39
運動障害　42
運動障害性構音障害　37, 38
運動性失語　39
運動中枢　42
嚥下障害　65
オージオグラム　33
大島による分類　88
親の学校選択権　74

か
下位運動ニューロン　37
介護保険制度　93
介護保険法　62
介護予防サービス　94
介護老人福祉施設　103
介護老人保健施設　104
核黄疸　41
学習障害　52
学習レディネス　44
拡大・代替コミュニケーション　38
学校教育法　75
活動制限　23
家庭支援センター　103
加齢　63
感音性難聴　32
感覚障害　42
感覚性失語　39
関係の遅れ　53

関節可動域　44
完全参加と平等　12
利き手交換　24
寄宿舎　85
機能回復訓練　22
機能障害　21
基本的人権　11
義務制　84
教育格差　6
教育基本法　74
教科別の指導　86
共生社会　15
京都盲唖院　74, 84
居住系のサービス　96
筋緊張の亢進　44
筋の萎縮　43
グループホーム　15
グループホーム型　102
痙性構音障害　38
軽度発達障害　51
言語障害　37, 42
言語選択権　81
言語聴覚士　40
健忘失語　39
構音障害　48, 89
高機能自閉症　53
合計特殊出生率　2
高次脳機能障害　42
巧緻動作　89
広汎性発達障害　51
合理的配慮　79
高齢化率　3
高齢者　62
国際障害者年　12
国際障害分類　21
国連障害者の10年　13
心のバリア　25
子育て支援社会　91
個別教育計画　54
コロニー政策　14

さ
作業学習　86
作業所　19, 87
作業療法士　90
サポートレベル　47
参加制約　23

支援費制度　92
支援レベル　47
視覚障害　28
視覚障害特別支援学校　82
視覚中枢　43
弛緩性構音障害　38
自殺対策基本法　8
視神経　43
肢体不自由児施設　101
肢体不自由の原因　41
　遺伝性　41
　後天性　41
　周産期　41
　胎生期　41
視中枢　28
失語症　37, 39
失調性構音障害　38
指定介護療養型医療施設　104
児童　67
児童虐待　67
児童虐待防止法　67, 70
児童指導員　102
児童自立支援施設　101
児童相談所　102
児童福祉施設　101
児童福祉法　67, 102
児童養護施設　101
自閉症　48, 52
自閉症児施設　101
社会的不利　21
弱視　29
弱視通級指導教室　82
弱視特別支援学級　82
就学基準　80
就学指導　80
就学指導委員会　81
重症心身障害児　88
重症心身障害児施設　101
重度重複化　75
授産施設　19
手段的ADL　64
手話　33, 35, 36, 86
手指モード　33
純音聴力検査　33
巡回指導　90
準ずる教育　75
上位運動ニューロン　37

索引

障害基礎年金　50
障害者基本計画　15
障害者基本法　12, 15, 21
障害者自立支援法　16, 93, 96
障害者対策に関する長期計画　15
障害者に係る欠格事項　25
障害者の機会均等化に関する基準規則　13
障害者の権利条約　14, 50, 78, 79
障害者の権利宣言　11, 13
障害者の日　13
障害者プラン　15
障害程度区分　93
障害の重度化　21
障害をもつアメリカ人法　13
少子高齢化　2
情緒障害児短期治療施設　101
障壁　24
情報保障　80
ショートステイ　103
褥瘡　65
助産施設　101
自律　24
自立　24
自立活動　77, 86
自立支援　102
自立支援法　50
視路　28
人工内耳　34, 36, 86
新障害者基本計画　15
新障害者プラン　15
心身障害者対策基本法　15
新生児仮死　41
新生児聴覚スクリーニング検査　33
身体障害　21
身体障害者更生援護施設　96
身体障害者授産施設　97
身体障害者福祉法　14, 15, 96, 97
身体障害者療護施設　96
スタンフォード・ビネー知能検査　45
生活機能・障害および健康の国際分類　23
生活言語　35
生活単元学習　86
生活の質　24
精神医学的診断法　57
精神障害　21
精神薄弱　45
精神薄弱者（知的障害者）の権利宣言　11, 13

精神薄弱者福祉法　14
精神保健福祉法　57, 99
生存権　14
成年後見制度　50
世界人権宣言　11
脊椎骨　41
全失語　39
センター的機能　75
全日本手をつなぐ育成会　50
喪失の時期　64
ソーシャル・キャピタル　10
粗大運動　48
粗大動作　89

た

大脳半球　39
ダウン症候群　47
脱施設化　12
地域福祉　12
知的障害　21, 45, 86
知的障害児施設　101
知的障害者福祉法　14, 57, 97
知的障害特別支援学校　47
知能指数　46
注意欠陥／多動性障害　52
中央教育審議会　75
聴覚系　32
聴覚障害教員　86
聴覚障害特別支援学校　84
重複障害　78
重複障害児　88
聴力検査法　33
聴覚補償　35
通級による指導　75
適応行動スキル　46
デフ・ファミリー　35
伝音性難聴　32
点字　83
電子文字情報装置　85
伝導失語　39
同性介助　90
トーキング・エイド　89
読唇　36
特別活動　86
特別支援学級　74
特別支援学校　74, 86
特別支援教育　74
特別支援教育コーディネーター　90
特別支援教員免許状　78
共に生きる　11
トラウマ　70

トワイライトケア　103

な

難聴幼児通園施設　101
日常生活動作　24
日常生活動作能力　64
日中活動系のサービス　96
日本国憲法　74
乳児院　101
人間と環境の相互作用モデル　23
認識の遅れ　53
認知症　64
認定就学者　80
寝たきり状態　66
脳血管性認知症　65
脳性麻痺　48
能力障害　21
ノーマライゼーション　11

は

廃用症候群　66
発達障害　51
発達障害者支援法　16, 51
バリア　24
バリアフリー化　22
ひきこもり　68
微細運動　48
筆談　35
ひとり親家庭　103
びわこミレニアム・フレームワーク　13
不登校　68
ブローカ領野　39
平均聴力レベル　32
保育士　102
保育所　101
訪問教育　75
保護を要する児童　67
母子生活支援施設　101
補聴器　34, 36, 86

ま

盲　29
盲学校　74, 82
盲児施設　101
文字字幕放送　25

や

指文字　33, 35, 36, 86
要援護（要支援・要介護）高齢者　62
養護学校　74

養護学校義務制　74
要支援・要介護認定　94

ら・わ
理学療法士　90
離婚率　67
リハビリテーション　23
領域と教科を合わせた指導　86
領域別の指導　86
療育手帳　50
ろうあ児施設　85, 101
老化　63
聾学校　74
聾教員　81
聾重複障害　85
ろう文化　85
ロール・モデル　81, 86
ワークライフ・バランス　91

欧字
Activities of Daily Living　64
American Association on Mental Retardation　45
Augmentative and Alternative Communication　38
Disability　21
Handicap　21
Impairment　21
Instrumental ADL　64
Intelligence Quotient　46

略語
AAC　38
AAMR　45
ADA　13
AD/HD　52
ADL　24, 64

BMF　13
DSM-IV　51
IADL　64
ICF　23
ICIDH　21
IEP　54
IQ　46
LD　52
PISA　6
QOL　24
WAIS　45
WIPPSI　45
WISC　45

人名索引

B
バンク−ミケルセン（Bank-Mikkelsen, N. E.）　12

D
ダーレー（Darley, F. L.）　38

F
藤本裕人　84
古河太四郎　84

H
浜田寿美男　55
原田政美　28

I
池田由紀江　46
伊藤尋一　34
伊藤順一郎　68

K
川野道夫　34
川島聡　14, 81

M
毛束真知子　38
切替一郎　33

L
ローエンフェルド（Lowenfeld, B.）　30

M
マーモット（Marmot, M.）　6

N
長瀬修　14, 79, 81
中沢正夫　61
ニィリエ（Nirje, B.）　12
野村恭也　33

O
大島一良　88, 89
大谷恭子　79
小澤温　12, 22, 23

P
パルモア（Palmore, E. B.）　63

ペンローズ（Penrose, L. S.）　46

R
聾教育研究会　84

S
崔栄繁　24
佐藤久夫　12, 22, 23
柴田貞雄　38
重野純　34
城丸みさと　34
ストレーラー（Strehler, B. L.）　63
鈴木淳　37

T
橘木俊詔　4, 6
高岡健　54
滝川一廣　51, 53

Y
山鳥重　39

付録1　介護体験に関するQ&A

Q1：介護体験はどこで，何日間行うのですか？
A　：介護体験は社会福祉施設と特別支援学校（盲・聾・養護学校）において，計7日間以上行わねばなりません。7日間の内訳については，社会福祉施設が5日間，特別支援学校が2日間とするのが一般的です。介護体験が行われる社会福祉施設については，付録2の介護体験実施施設の概要で確認してください。なお，児童福祉施設である保育所は介護体験の実施施設に含まれていませんので注意してください。

Q2：介護体験はいつ行うのですか？
A　：各大学により，介護体験を行う学年は異なります。さらに，個々の学生の体験実施の時期は大学の教職事務室等で受入施設の事情を考慮のうえ決定されます。実施時期などについて不明の点は，大学の教職事務室等に問い合わせをしましょう。原則として指定された時期を学生の都合により変更することは認められません。体験の直前に病気やケガが生じた場合でも，時期の変更は難しく，多くの場合，体験は次年度以降に延期されます。

Q3：介護体験ではどんなことを行うのですか？
A　：「障害者や高齢者に対する介護，介助，これらの者との交流等の体験（介護等の体験）」とは，介護，介助のほか，障害者等との話相手，散歩の付添いなどの交流等の体験，あるいは掃除や洗濯といった，障害者等と直接接するわけではないが，受入施設職員に必要とされる業務の補助など，介護等の体験を行う者の知識・技能の程度，受入施設の種類，業務の内容，業務の状況等に応じ，幅広い体験が想定されること，とされています。

Q4：どんな学生に介護体験が求められるのですか？
A　：平成10年度以降に大学（短期大学を含む）に入学した，小学校および中学校の普通教員免許状の取得を希望する学生では，全員に介護体験への参加が求められます。なお，すでに特別支援学校の教員免許や，看護師，保健師，助産師，理学療法士，作業療法士，義肢装具士の免許，社会福祉士，介護福祉士の資格を有する学生は介護体験を免除されます。学生自らが身体上の障害をもち，介護体験への参加が困難な場合も体験が免除されます。

Q5：介護体験の受付窓口はどこですか？
A　：学籍を置く大学の教職事務室等が受付窓口となります。大学ごとに体験希望者の一覧を作成して，社会福祉施設については都道府県の社会福祉協議会へ一括して申し込みを行います。特別支援学校についても，大学ごとに一括して都道府県教育委員会に申し込みを行うことになっています。なお，学生が個別に社会福祉施設や特別支援学校に対して，介護体験の申し込みをすることはできない仕組みがとられています。

Q6：介護体験では事前にどんな準備が必要ですか？
A ：介護体験を有意義なものとするために，自分が介護体験に参加する施設・学校の名称や所在や施設までの順路はもちろんのこと，施設・学校の種類については最低限，学生各自において調べておきましょう。さらに体験を行う施設の利用者や学校に在籍する児童・生徒の，障害特性や福祉ニーズ等について基本的な情報を自習することも，問題意識をもって介護体験を臨むためには必須でしょう。

Q7：介護体験に参加する際の注意点は何ですか？
A ：皆さんの介護体験が行われる社会福祉施設は利用者の生活の場であり，学校は児童・生徒の学習の場です。そのことを十分に理解して利用者や児童・生徒の生活のリズムを崩さないように配慮しながら，体験に臨みましょう。利用者や児童生徒の人権の尊重はもちろんのこと，体験で見聞きした個人のプライバシーに関わる事項は絶対に他者に漏らしてはなりません。思わぬ事故につながることがあるので，わからないことは勝手に判断せず，ホウ・レン・ソウ（報告，連絡，相談）を常に心がけましょう。さらに，体験中の自分の生活リズムや健康も自己管理にも留意しましょう。

Q8：介護体験にはどんな服装で臨むべきですか？
A ：介護体験の参加にあたっては，清潔で動きやすい服装で臨むべきでしょう。履き物はスポーツシューズが望ましく，サンダルやハイヒールは相応しくありません。また，利用者や児童生徒に接する際に，思わぬ事故につながりますので，爪は短く切り，ピアス，ネックレス等の装身具は控えましょう。食事や排泄場面での介護に支障が生じるので，香水はつけないようにしてください。

Q9：介護体験を終えた後から何をすべきですか？
A ：体験のふりかえりは体験を真に有意義なものとします。ふりかえりをレポートの形式でまとめ，自分の体験を今一度整理することも重要でしょう。また，介護体験はさまざまな施設で実施されます。自分が体験に参加した社会福祉施設の概要や体験の内容等について，友達と話し合うことなどによって，体験を共有することも有益でしょう。ただし，体験中に知り得た入所者個々人のプライバシーに関わる事柄については，決して話してはなりません。体験中に生じた疑問点等について，図書館で自ら知識の確認をしたり，担当教員に質問することも意味ある事後学習へとつながるでしょう。

付録2　介護体験実施施設の概要

	施設名	概要
保護施設	救護施設	心身の著しい障害のため，日常生活を送ることが困難な者を入所させ，生活の扶助を行う施設
	更生施設	心身の理由による養護補導を要する者を入所させ，生活の扶助を行う施設
	授産施設	心身の理由や世帯の事情により，就業能力の限られた者に就労，または技能習得の機会を与え自立助長させる施設
児童福祉施設	乳児院	乳児を入院させ，これを養育する施設
	母子生活支援施設	配偶者のいない女子またはこれに準ずる事情のある女子やその監護すべき児童を入所させ，これらの者を保護する施設
	児童養護施設	乳児を除いて，保護者のいない児童，虐待されている児童，その他環境上養護を要する児童を入所させ，これを擁護する施設
	情緒障害児短期治療施設	軽度の情緒障害を有するおおむね12歳未満の児童を短期入所させ，または保護者のもとから通わせて，その情緒障害を治療する施設
	児童自立支援施設	不良行為をなし，またはなすおそれのある児童を入所させて，これを自立支援する施設
	知的障害児施設	知的障害の児童を入所させ，保護するとともに独立生活に必要な知識技能を与える施設
	自閉症児施設	自閉症を主たる症状とする児童を入所させ，独立生活に必要な知識技術を与える施設
	知的障害児施通園施設	知的障害の児童を日々保護者の下から通わせて保護するとともに，独立自活に必要な知識技能を与える施設
	盲児施設	盲児（強度の弱視を含む）を入所させ，独立自立に必要な指導または援助を行う施設
	ろうあ児施設	聴覚・言語障害児を入所させ，独立自活に必要な指導または援助を行う施設
	難聴幼児通園施設	強度の難聴の幼児を通所させ，必要な指導訓練を行う施設
	肢体不自由児施設	上肢，下肢または体幹の機能障害のある児童を入所させて治療する施設
	肢体不自由児通園施設	上肢，下肢または体幹の機能障害のある児童を通園させて治療する施設
	肢体不自由児療護施設	病院に入院することを要しない肢体不自由のある児童であって，家族における養育が困難な者を入所させる施設
	重症心身障害児施設	重度の知的障害及び重度の肢体不自由が重複している児童を入所させて，これを保護するとともに，治療及び日常生活の指導をする施設
身体障害者更生援護施設	肢体不自由者更生施設	肢体不自由者を入所又は通所させて，その更生に必要な治療及び訓練を行う施設
	視覚障害者更生施設	視覚障害者を入所又は通所させて，その更生に必要な知識，技能及び訓練を与える施設
	聴覚・言語障害者更生施設	聴覚・言語障害者を入所又は通所させて，その更生に必要な指導及び訓練を与える施設
	内部障害者更生施設	内臓の機能に障害のある者を入所又は通所させて，医学的管理の下に，その更生に必要な指導及び訓練を行う施設
	重度身体障害者更生援護施設	重度の肢体不自由または重度の内部障害者を入所させ，家庭復帰に必要な日常生活能力の回復に重点をおいて各種の訓練を行う施設
	身体障害者療護施設	身体障害者であって常時の介護を必要とする者を入所又は通所させて，治療及び養護を行う施設
	身体障害者授産施設	身体障害者で雇用されることの困難な者又は生活に困窮する者等を入所又は通所させて，必要な訓練を行い，かつ，職業を与え自活させる施設
	重度身体障害者授産施設	重度の身体障害のため，ある程度の作業能力を有しながら，特別の設備と職員を準備しなければ，就業不可能な障害者を入所させ，施設内で自活させることを目的とする施設

	施設名	概要
	身体障害者通所授産施設	身体障害者であって，雇用されることの困難な者等を通所させて必要な訓練を行い，かつ，職業を与え，その自立を促進する施設
	身体障害者福祉工場	重度の身体障害者で作業能力はあるが，職場の設備，構造，通勤時の交通事情等のため，一般企業に雇用されることの困難な者に職場を与え，生活指導と健康管理の下に健全な社会生活を営ませる施設
知的障害者援護施設	知的障害者更生施設	知的障害者を入所または通所させ，保護するとともに更生に必要な指導や訓練を行う施設
	知的障害者授産施設	知的障害者で雇用困難な者を通所させ，自活に必要な訓練を行うとともに，職業を与えて自活させる施設
	知的障害者福祉工場	一般企業に就労できないでいる知的障害者を雇用し，生活指導，健康管理に配慮した環境の下で社会的自立を促進する施設
精神障害者社会復帰施設	精神障害者生活訓練施設	回復途上にある精神障害者に対し，居室その他の設備を提供するとともに，専門の職員による生活指導等を行う施設。また，ショートステイ施設や通所部門が併設されている場合がある。
	精神障害者生活訓練施設	相当程度の作業能力を要するが，雇用されることが困難な精神障害者であって，将来就労を希望する者に対し，自活に必要な訓練や指導を行う施設
	精神障害者福祉工場	作業能力は有するものの，一般企業に就労できないでいる精神障害者を雇用する施設
老人福祉施設	老人デイサービスセンター	在宅の虚弱老人に対し，通所の方法により，入浴等の各種のサービスを提供することによって，老人の自立助長，社会的孤立感の解消，心身機能の維持向上等を図るとともに，その家族の身体的精神的な負担の軽減を図る施設
	老人短期入所施設	養護者の疾病その他の理由により，家庭において介護を受けることが一時的に困難な者を短期入所させ養護する施設
	養護老人ホーム	心身の理由や環境上の理由に加えて，経済的理由により家庭での養護が困難な者を入所させ養護する施設
	特別養護老人ホーム	心身に著しい障害があり，常時介護を必要とし，家庭ではこれを受けることが困難な者を入所させ養護する施設
老人保健施設	老人保健施設	入院治療は必要でない寝たきり老人等のために，家庭に復帰するための機能訓練や看護・介護を行う施設

■ 執筆者紹介（執筆順）

齋藤友介（さいとう・ゆうすけ）（編者）
　はじめに
　第1部第2章
　第2部扉
　第2部第1章第2節
　第2部第3章
　第3部第1, 5章
　付録：介護体験に関するQ＆A

坂野純子（さかの・じゅんこ）（編者）
　第1部扉
　第1部第1章第2, 3節
　第2部第4章
　第3部第4章第3節

矢嶋裕樹（やじま・ゆうき）（編者）
　第1部第1章第1節
　第2部第5, 6章
　第3部扉
　第3部第3章
　第3部第4章第5節
　付録：介護体験実施施設の概要

香川スミ子（かがわ・すみこ）（元浦和大学総合福祉学部教授）
　第2部第1章第1節
　第3部第2章第1節
　第3部第4章第1, 2節

戸田康之（とだ・やすゆき）（埼玉県立特別支援学校坂戸ろう学園教諭）
　第2部第1章第2節コラム

鈴木　淳（すずき・じゅん）（群馬医療福祉大学社会福祉学部講師）
　第2部第1章第3節

松浦孝明（まつうら・たかあき）（筑波大学附属桐が丘特別支援学校主幹教諭）
　第2部第1章第4節

阿部　崇（あべ・たかし）（筑波大学附属大塚特別支援学校教諭）
　第2部第2章
　第3部第2章第3節

古田弘子（ふるた・ひろこ）（熊本大学教育学部教授）
　第3部第2章第2節

石川紀宏（いしかわ・のりひろ）（大東文化大学文学部非常勤講師）
　第3部第2章第4節

呉　栽喜（おう・じぇひ）（大東文化大学文学部准教授）
　第3部第4章第4節

■ 編者紹介

齋藤友介 大東文化大学文学部教育学科教授
筑波大学大学院心身障害学研究科修了
博士（教育学）〔専攻：障害児教育学〕

坂野純子 岡山県立大学保健福祉学部保健福祉学科准教授
東京大学大学院医学系研究科修了
博士（保健学）〔専攻：健康社会学〕

矢嶋裕樹 新見公立大学健康科学部准教授
岡山大学大学院医歯学総合研究科修了
博士（医学）〔専攻：公衆衛生学〕

大学生のための福祉教育入門
介護体験ハンドブック

2009 年 3 月 30 日　初版第 1 刷発行
2019 年 3 月 25 日　初版第 7 刷発行

（定価はカヴァーに表示してあります）

編　者　齋藤友介
　　　　坂野純子
　　　　矢嶋裕樹
発行者　中西　良
発行所　株式会社ナカニシヤ出版
〒606-8161　京都市左京区一乗寺木ノ本町 15 番地
Telephone　075-723-0111
Facsimile　075-723-0095
Website　http://www.nakanishiya.co.jp/
E-mail　iihon-ippai@nakanishiya.co.jp
郵便振替　01030-0-13128

装幀＝白沢　正／印刷・製本＝ファインワークス
Copyright © 2009 by Y. Saito, J. Sakano, & Y. Yajima
Printed in Japan.
ISBN978-4-7795-0352-8

本書のコピー，スキャン，デジタル化等の無断複製は著作権法上での例外を除き禁じられています。本書を代行業者等の第三者に依頼してスキャンやデジタル化することはたとえ個人や家庭内の利用であっても著作権法上認められておりません。

障害臨床学ハンドブック
[第2版]

中村義行・大石史博［編］

症状や診断の基準などの単なる知識だけでは障害者の理解には至らない。本書では，かかわりあいという臨床的視点を実践に結びつけるべく様々な障害やその支援，また早期療育や特別支援教育，親支援まで幅広く解説する。

B5判・290頁・2,600円

特別の支援を必要とする子どもの理解

勝浦眞仁［編］

教職課程コアカリキュラム「特別の支援を必要とする幼児（児童及び生徒）に対する理解」と，保育士養成課程の「障害児保育」対応テキスト。
事前課題が演習形式の授業にも役立ち，豊富な図表と事例で生き生きと学べる。

B5判・152頁・2,000円

特別支援教育における教育実践の方法

菅野 敦・宇野宏幸・橋本創一・小島道生［編］

特別支援教育は具体的にどう展開されていくのか。様々な障害の理解はもちろん，個に応じた支援の通常学級におけるユニバーサルデザインや特別支援学級・特別支援学校・特別支援教育コーディネーターの役割と連携など，必須の情報をすべて網羅。

B5判・200頁・2,500円

福祉心理学の世界

中山哲志・稲谷ふみ枝・深谷昌志［編］

本書では福祉＝ウェルビーイングととらえる。人生の各段階で繰り返し現れてくる違和の解決に向けて様々な知恵を如何に集め，如何に最適解を見出したらいいかをワークを駆使して学び，社会に発信できる力を育む心理学。

A5判・184頁・2,100円

特別支援教育を学ぶ
[第3版]

岐阜大学教育学部特別支援教育研究会［編］

制度の概要や様々な障害の基礎知識をわかりやすく解説する特別支援教育入門。教員養成段階での特別支援教育の学修の必修化，インクルーシブ教育システムの流れを受けた第3版。制度の変更や新しい法規，統計データの更新に対応。

B5判・240頁・2,800円

"共にある"ことを目指す特別支援教育

勝浦眞仁［著］

発達障碍のある子たちと心を砕いて関わるなかで彼らの体験している世界が掴めるときがある。共有できる体験，共にあるという実感を大切にした発達障碍の新しい捉え方と，今後の特別支援教育，インクルーシブ教育への提言。

A5判・264頁・3,700円

表示の価格は本体価格です。